H. DE LONT-REAU

TRAVAIL

PATRIE

LE GÉNÉRAL HOCHE

LIBRAIRIE
CH. DELAGRAVE
PARIS
15, RUE SOUFFLOT

SOCIÉTÉ ANONYME D'IMPRIMERIE DE VILLEFRANCHE-DE-ROUERGUE
Jules BARDOUX, Directeur.

LE
GÉNÉRAL HOCHE

PAR

H. DE FONT-RÉAULX

Illustrations de **BERTALL**, **REGAMEY**, etc.

« Hoche n'avait pas cette coupable
« audace d'esprit qui peut porter un
« capitaine illustre à ambitionner plus
« que la qualité de citoyen.

« THIERS. »

« Une République doit toujours être
« servie et non protégée par l'épée. »
(*Dernières paroles de* HOCHE.)

PARIS

LIBRAIRIE CH. DELAGRAVE

15, RUE SOUFFLOT, 15

1889

PRÉFACE

———

Servir son pays avec dévouement et avec modestie ; affronter la mort simplement, bravement, sans arrière-pensée comme sans orgueil ; obéir aux institutions de sa patrie, les aimer, les défendre et mourir pour elles, telle fut l'existence du héros dont on va lire la biographie. Né pauvre et mort pauvre, après avoir sauvé la France, pacifié la Vendée insurgée, fait trembler l'Europe à la tête de volontaires sans souliers et sans pain, Hoche est le modèle que tout soldat doit imiter, que tout patriote doit vénérer. Les vertus républicaines, la frugalité, la bravoure, l'abnégation, le mépris des richesses, l'esprit de devoir et de discipline, telles furent les règles de sa vie glorieuse. Général en chef à vingt-cinq ans, il n'était ni présomptueux ni ambitieux. La jalousie ne l'irritait point, la pauvreté ne l'humiliait pas ; il accepta sans se plaindre les calomnies, les outrages de ceux que sa haute probité gênait dans l'accomplissement de leurs plans liberticides. Respectueux de tous ses supérieurs, bon et généreux pour tous ses inférieurs, sa dignité ne souffrit jamais d'obéir exactement. Il commandait sans violence comme il obéissait sans mollesse.

Deux hommes furent ses ennemis : Pichegru, un traître vulgaire qu'il empêcha de livrer la république aux Bourbons, et Bonaparte, un sournois de génie à qui sa mort livra la France éperdue. Jamais il ne prononça une parole, jamais il n'écrivit une ligne contre ces deux ambitieux.

Lorsqu'une nation a le bonheur de pouvoir offrir à l'admiration du monde un héros comme Hoche, elle peut être fière de son enfant. Puisse l'armée française, élevant son âme au-dessus des agitations intérieures, se souvenir toujours que s'il faut des Hoche dans ses rangs, il ne faut pas y laisser les Pichegru.

H. DE F.-R.

Mars 1889.

LE
GÉNÉRAL HOCHE

CHAPITRE PREMIER

La jeunesse de Hoche. — Son instruction militaire. — Ses premières armes. — Hoche défend Dunkerque.

1768-1793

Louis-Lazare Hoche naquit le 24 juin 1768, à Versailles, au faubourg de Montreuil, dans la maison qui porte aujourd'hui le n° 18 de la rue de Satory. Son père, ancien soldat, était garde du chenil du roi Louis XV. Sa mère mourut en 1770, en donnant le jour à l'un des frères de Hoche. L'enfant fut élevé par l'une de ses tantes, fruitière au faubourg de Montreuil. Dès son jeune âge, il se fit remarquer par sa gentillesse et sa vive intelligence. Il avait pour les exercices corporels et pour les jeux de l'école autant d'entrain que pour le travail ; il était, comme Duguesclin, avec lequel il a beaucoup de traits de ressemblance, très batailleur et très porté aux combats et aux rixes avec ses camarades. Le curé de Saint-Germain

en Laye, l'abbé Merlière, frère de la mère de
Hoche, le prit en affection et se chargea de son
éducation. Il l'installa, comme enfant de chœur,
au presbytère et lui enseigna les éléments du latin
et les premières notions des sciences.

A quinze ans, Hoche fut admis dans la même
administration que son père ; il devint palefrenier
des écuries du roi, à Versailles. Les loisirs que
lui laissaient ce modeste emploi n'étaient pas per-
dus : il les employait à s'instruire, à lire les œuvres
alors si populaires de J.-J. Rousseau. Ces lectures
exercèrent de l'influence sur l'esprit du jeune
homme ; elles lui inspirèrent les idées larges et
généreuses dont l'épanouissement annonçait déjà
l'aurore de la Révolution. Il se sentit humilié de
sa condition de palefrenier et il accepta les propo-
sitions de racoleurs militaires qui lui offrirent de
s'engager dans un régiment français en expédition aux grandes Indes. Ces racoleurs le trom-
pèrent : ils lui firent signer, à lui et à plusieurs
jeunes gens de Versailles, un engagement pour les
gardes françaises en garnison à Paris et non pour
les grandes Indes. C'était, à cette époque, un sub-
terfuge très fréquent pour le recrutement militaire,
et les racoleurs ne se faisaient aucun scrupule de
pratiquer cette supercherie, car ils étaient alors
assurés de l'impunité. Hoche ne fit du reste aucune
résistance ; il entra aux gardes françaises, où il fut

Le sergent racoleur

remarqué par sa belle taille, son air martial, sa démarche fière et décidée. Une dame de la cour, l'ayant remarqué à une revue, s'écria : « Quel beau général on ferait de ce jeune homme ! » Hoche devint bientôt, en effet, non seulement un beau général, mais un brave et grand général. Dès qu'il eut une année de service on l'admit dans les grenadiers des gardes françaises. C'était un corps d'élite remarquable par son bel uniforme et par ses traditions bien établies de courage et d'honneur. La plupart des grenadiers avaient une instruction supérieure à celle de leur nouveau camarade. Pour ne pas leur être inférieur, le jeune homme se mit à étudier les théories militaires, les ordonnances spéciales sur le service des troupes, la tactique, la stratégie, l'histoire militaire. Comme il n'avait pas d'argent pour acheter les livres qui lui étaient nécessaires, Hoche se mit à broder des bonnets de police et des vestes pendant l'hiver, et à faire des travaux de jardinage pendant l'été. Avec les suppléments de solde que lui procuraient ces diverses occupations, il parvint à s'instruire assez bien des choses qui étaient indispensables pour arriver aux grades modestes que les roturiers comme lui ne pouvaient franchir avant la Révolution.

D'un naturel droit et loyal, mais fougueux et passionné, Hoche prenait souvent la défense de ses camarades lorsqu'ils lui paraissaient victimes de quelque mauvais procédé ou de quelque injustice. Un jour, un grenadier des gardes ayant été assassiné dans une dispute entre militaires et civils, Hoche voulut venger sa mort : il se rendit avec quelques camarades dans le cabaret où avait eu lieu l'assassinat, et là ils mirent tout à sac. Trois mois de prison furent sa punition. Dans son cachot il réfléchit beaucoup, et l'on assure qu'il en sortit bien décidé à respecter absolument cette sévère discipline militaire si nécessaire dans les armées, discipline qu'il devait par la suite faire lui-même si bien respecter et à laquelle il faut attribuer une bonne part dans les causes de ses victoires.

Un autre jour, il provoqua en duel un caporal nommé Serre, qui était l'effroi de ses camarades, à cause des dénonciations incessantes qu'il faisait. Le duel eut lieu près du moulin de Montmartre. Serre était de première force en escrime ; il coupa, d'un coup de sabre, le haut du visage de son adversaire, qui garda toute sa vie une cicatrice profonde. Hoche riposta et d'un coup furieux lui traversa le ventre.

On était alors au commencement de 1789. Hoche, après cinq années de service, fut enfin nommé caporal. Au 14 juillet il refusa de se joindre aux trois cents gardes françaises qui pri-

14
JUILLET
1789

rent part à l'assaut de la Bastille. Il considérait
que si un soldat peut quelquefois briser son épée,
il n'a pas le droit de la tourner contre le gouvernement qui la lui a confiée. Il resta à la caserne
de la rue Verte et, avec ses camarades, il résista
à la foule, qui eût désiré s'emparer de leurs armes
et de leurs canons. C'est à tort que l'on a pré-
tendu que Hoche avait pris part à la journée du
14 juillet. Le régiment des gardes françaises fut
alors dissout. Hoche entra en septembre 1789,
avec le grade de sergent, dans la garde nationale,
sous les ordres du général de La Fayette. Il devint rapidement sergent-major. On le retrouve à
Versailles, avec sa compagnie, dans la nuit du 5
au 6 octobre, repoussant les assaillants du château avec les gardes du corps et faisant partie de
l'escorte qui ramena aux Tuileries Louis XVI et
sa famille. La Fayette nomma Hoche adjudant et
le chargea de la mission difficile de refaire et
de mettre à jour la comptabilité de l'hôpital militaire des anciens gardes françaises. Il s'occupa
ensuite tout particulièrement de l'instruction des
nouvelles recrues. Il les faisait manœuvrer aux
Champs-Élysées. Un jour, le ministre de la guerre
Servan remarqua la bonne tenue et l'adresse de
sa compagnie. Il lui adressa des éloges mérités
et le nomma lieutenant au régiment de Rouergue,
qui se trouvait alors en garnison à Thionville.

Le 24 juin 1792, Hoche quitta Paris pour prendre le commandement de sa compagnie. Il se trouva placé, à Thionville, sous les ordres du général comte Le Veneur, qui remarquant ses mérites, le nomma bientôt capitaine. A la retraite de Altenhowen, le 2 mars 1793, les Autrichiens forçaient nos troupes à lever le siège de Maëstricht. Les hussards ennemis harcelaient nos barrières et ils étaient sur le point de s'emparer de l'abbaye de Merchen, où nos poudres étaient emmagasinées. Le Veneur chargea Hoche de dégager ce poste : il le fit avec une audace et une habileté extraordinaires. Le général le prit alors comme aide de camp.

Le 18 mars, à la bataille de Neerwinden, désastreuse pour la France, à cause de l'incapacité de Dumouriez, qui passa à l'ennemi quelques jours après, Hoche se battit comme un lion : il eut deux chevaux tués sous lui. Aux combats de Gutzenhoven, de Vestrich, de Blüngen, de Louvain, qui eurent lieu les jours suivants, Hoche protégea la retraite, afin de permettre à l'armée de se retirer en bon ordre.

La trahison de Dumouriez avait produit parmi nos troupes une anarchie extrême. La désobéissance, le découragement étaient partout ; le désordre, l'indiscipline, qui en étaient les conséquences, menaçaient de livrer notre frontière à

Louis XVI ramené aux Tuileries.

l'étranger. Dans ces circonstances extrêmement critiques, Le Veneur, qui était sous les ordres de Dumouriez, envoya Hoche à Paris pour exposer la situation au Comité de Salut public et indiquer les mesures qu'il paraissait opportun de prendre. Hoche rédigea un rapport, que Carnot trouva très remarquable. Après l'avoir lu, il dit à ses collègues : « Bien que vous ne vous occupiez pas de la guerre, lisez ce rapport, qui vous intéressera ; il a été fait par un jeune homme qui ira loin. » Robespierre, après l'avoir lu, s'écria : « Voilà un jeune homme bien dangereux ! »

Hoche fut nommé chef de bataillon ; il rentra au camp de Maulde auprès de Le Veneur, qui pendant l'absence de Custine commandait l'armée du Nord. Il explora le pays que Le Veneur devait garder ; mais, à son retour au camp un spectacle affligeant s'offrit à ses yeux : Le Veneur était en état d'arrestation par l'ordre d'un commissaire civil aux armées. Cinquante gendarmes l'entouraient. Dans sa légitime indignation Hoche, qui connaissait la droiture et la loyauté de son chef, s'écria : « Est-ce donc Pitt et Cobourg qui gouvernent maintenant la France ? » Ses paroles, recueillies par un gendarme et dénaturées par lui, amenèrent l'arrestation de Hoche, qui fut conduit devant le tribunal révolutionnaire de Douai. Comme Le Veneur, Hoche était devenu suspect.

De sa prison il écrit à Couthon, dont il avait fait la connaissance à Paris :

« Ainsi que je vous l'ai promis, citoyen, je vous fais passer mon travail ; il est sans doute le fruit d'un patriotisme plus ardent qu'éclairé, mais pourriez-vous croire qu'il est d'un jeune homme traduit devant le tribunal révolutionnaire ? Quel que soit mon sort, que la patrie soit sauvée, et je demeure content. Mais à chaque instant le danger augmente ; ici chacun tremble sans aviser aux mesures à prendre, et je viens vous prier d'ordonner qu'avant toute disposition lecture soit faite de mon travail.

« Vos généraux n'ont aucun plan ; il n'y a pas aujourd'hui parmi eux un homme capable de sauver la frontière. Je vous demande donc d'être entendu, soit au Comité, soit par les représentants près nos armées.

« Qu'on me laisse travailler dans ma chambre avec des cartes, les fers aux pieds, jusqu'à ce que les ennemis soient hors de France ; je suis sûr d'indiquer les moyens de les chasser avant six semaines ; après on fera de moi ce qu'on voudra. »

A cette même époque, Hoche avait rédigé ses vues et ses plans sur les opérations militaires en Vendée et à la frontière. Il adressait des mémoires au citoyen Audouin, adjoint au ministère de la

La Fayette

guerre, ancien prêtre de Limoges, secrétaire des ministres de la guerre Pache et Bouchotte.

« Ne rirait-on pas, écrivait-il, si l'on voyait le commandant d'un poste de cinquante hommes mettre tous ses soldats en faction, de trente pas en trente pas, afin d'éviter une surprise ?

« Je conviens qu'il ne sera pas attaqué sans le savoir ; mais qu'une patrouille de vingt hommes marche sur la première sentinelle, à coup sûr celle-ci sera égorgée ou mise en fuite, et ainsi des autres.

« La routine nous perd, l'art de la guerre est à régénérer... Rasons nos places fortes, que nous ne pouvons défendre sans nous disséminer, et plaçons-nous hardiment au centre des armées ennemies ; plus forts réunis que chacune d'elles séparément, marchons de l'armée que nous aurons vaincue à celle qui est à vaincre.

« Qu'un seul cri se fasse entendre : Aux armes ! Ranimons le courage de nos soldats, réunissons les bataillons épars ; qu'ils connaissent leur force : exerçons-les souvent ; que la cavalerie voie l'ennemi, que l'artillerie manœuvre chaque jour ; marchons fièrement, point d'incertitude et la victoire est à nous ! »

Couthon fit élargir Hoche, qui partit pour Dunkerque le 23 août 1793, sous les ordres du général Souhain, et fut chargé de défendre cette place forte. Dunkerque était alors cernée par deux armées, l'une composée de vingt et un mille Anglais, l'autre de seize mille Hanovriens ; elle comptait dans ses murs sept mille soldats mal organisés, harassés de fatigue, découragés. La situation était désespérée. L'ennemi avait forcé le camp de la Frénouque et était arrivé jusque sur les glacis de la place. Hoche, en quelques jours, remit sur pied la défense de Dunkerque. Il commença par expulser les étrangers et les suspects, rétablit la discipline, se mêla aux soldats, les encourageant par la parole et par l'exemple, veillant à leur bien-être, écoutant les réclamations, organisant les compagnies et les subsistances, creusant des fossés, rétablissant les fortifications. « La place sera brûlée avant d'être rendue, » écrivait-il, le 29 août, au Comité de Salut public.

Le 1er septembre 1793, à la suite d'une panique qui s'était répandue pendant une escarmouche parmi les soldats de la marine, Hoche publia l'ordre du jour suivant :

« Enfants de la patrie, écoutez sa voix ! Qui donc a pu vous faire oublier ce que vous devez à la République ? Vous lui devez votre sang, votre vie. Eh quoi ! frappés d'une terreur panique, vous forcez vos chefs à déserter le poste d'honneur ? Ne vous souvenez-vous plus de la gloire qu'acquirent vos pères en défendant la ville de Dunkerque, ou n'êtes-vous plus disposés à faire pour votre liberté ce qu'ils firent pour un tyran ?

« Rentrez dans le devoir, n'écoutez pas les malveillants, reprenez au plus tôt le poste que vous avez quitté, comptez sur la prudence du chef qui vous commande : vous n'aurez rien à craindre. Et de quel œil vous verraient vos frères d'armes, qui nuit et jour font le coup de fusil, si vous entreprenez de les déshonorer !

« Je vous parle au nom de la République une, indivisible, que vous avez promis de maintenir, et je dois vous prévenir que, dans le cas où vous résisteriez à l'ordre qu'elle vous donne de reprendre votre poste, le général qui commande la place est décidé à user de tous les moyens que la loi a mis en son pouvoir pour vous faire rentrer dans l'ordre.

« Songez à vos femmes, à vos enfants et obéissez. »

Hoche ranima le zèle des combattants ; il incarcéra le commandant provisoire de la place, rétablit la société populaire qui était dissoute, électrisa les esprits, fit passer dans tous le souffle patriotique qui animait son âme de vingt-cinq ans. Le jour même où il publiait la proclamation qu'on vient de lire il écrivait à Audouin : « On nous promet des secours prompts et puissants, mais tarderaient-ils quinze jours à arriver, dans l'état où, à force de travail, la place se trouve actuellement, on peut les attendre. »

Ces secours arrivèrent le 5 septembre ; c'étaient Jourdan et Houchard, qui s'avançaient à la tête d'une partie de l'armée du Nord. Ils exécutaient le célèbre plan de Carnot, qui consistait à envelopper les armées anglaise et hanovrienne de manière à les enlacer entre Dunkerque, Furnes, Bergues, la mer et les marais. Au bruit du canon Hoche fit ce que tout général doit faire en pareil cas, exécuter une vigoureuse sortie afin d'occuper l'ennemi par derrière pendant que l'armée de secours le combat sur ses devants. Il opéra, le 6, le 7 et le 8, des sorties furieuses. Le brave Jourdan fit des prodiges de valeur, mais Houchard exécuta mal les instructions de Carnot, il ne concentra pas suffisamment ses troupes ; il les laissa se disséminer sur une trop large étendue. Malgré ces fautes, la victoire nous resta à Hondschoote, tout en laissant les Anglais se retirer en bon ordre. Dunkerque fut débloquée, mais le Quesnoy fut pris par l'ennemi, par suite des fausses manœuvres de Houchard, qui, malgré Carnot, paya de sa tête son insuffisance. Hoche s'empara de l'artillerie et des bagages que le duc d'York avait été obligé d'abandonner devant Dunkerque.

Carnot et le Comité de Salut public récompensèrent immédiatement Hoche de son habileté et

de sa bravoure. En six semaines il fut nommé
successivement général de brigade, général de di-

Carnot.

vision, et, le 29 octobre 1793, général en chef
de l'armée de la Moselle. Il avait vingt-cinq ans,
mais sa renommée était déjà immense. Il person-
nifiait, en quelque sorte, l'image vivante de notre
jeune armée révolutionnaire. Ses brillantes qua-

lités militaires lui donnaient sur les soldats un ascendant extrêmement puissant. Tout en lui respirait le patriotisme et le feu des batailles.

« Sa taille, a écrit l'un de ses biographes, est haute d'environ cinq pieds sept pouces. Ses formes, mâles et prononcées, sont en même temps sveltes et élégantes; ses épaules sont fortes, mais bien effacées; sa poitrine s'avance avec un peu de la raideur que donne la tenue militaire. Il a les cheveux, les sourcils et les yeux noirs. La cicatrice légère qu'il porte au milieu du front, sur le côté droit, loin de déformer ses traits leur donne un air plus martial. Sa bouche est pensive, ses dents sont belles, sa physionomie est spirituelle; le caractère qui la domine est la sévérité, et quoiqu'un extrême désir d'être agréable l'adoucisse souvent, des yeux pénétrants ne peuvent s'empêcher d'y voir un certain effort que lui fait faire le désir de plaire.

« Son maintien est grave et imposant, sa démarche fière. Une femme de la cour, l'ayant remarqué dans une revue, avait dit avec intérêt : « Tout son air est, en effet, de quelqu'un qui doit commander aux autres. »

CHAPITRE II

1793-1794.

En prenant le commandement de l'armée de
la Moselle, Hoche trouva une situation assez com-
promise. Les premiers succès de nos armées
avaient été suivis de revers. « Grâce aux talents et
à l'énergie de Hoche, a écrit M. Bergounioux dans
sa *Vie de Lazare Hoche*, Dunkerque avait résisté,
mais les deux autres barrières de la France étaient
tombées : Mayence, pris par Custine, était au pouvoir des Prussiens ; Valenciennes et le Quesnoy
voyaient flotter les étendards impériaux ; l'armée
du Nord s'était retirée derrière la ligne de la
Scarpe, entre Arras et Douai, et Hoche avait
trouvé l'armée de la Moselle sans consistance et
sans force, répandue sur une lisière d'environ
vingt-cinq lieues. En face de cette armée dont
Hoche venait de prendre le commandement, cent
mille soldats, sous les ordres des meilleurs géné-

raux de la Prusse et de l'Autriche, occupaient les lignes de Vissembourg, tenaient Landau bloqué, et, retranchés au poste de Kayserslautern, avançaient leurs colonnes sur la Sarre et au delà de la Blise. Ils étaient aguerris, disciplinés, bien vêtus, bien payés, bien nourris. Encouragées par nos revers, ces armées avaient l'audace que donne la victoire, et en face de nos troupes sans pain, sans habits, pieds nus, elles nous étaient à la fois supérieures par l'organisation et par le moral. »

Hoche publia, à son arrivée au quartier général de l'armée de la Moselle, la proclamation suivante :

« Français, de toutes parts nos armées sont triomphantes ; nous sommes les derniers à vaincre, mais nous vaincrons. Des patriotes tels que vous, s'ils sont disciplinés, n'ont qu'à entreprendre. Nous allons propager la liberté, mais ce n'est point assez : il faut la faire aimer. Cette fois, vos conquêtes ne seront pas vaines ; combattre et profiter du triomphe est votre partage... Nous allons entrer dans la terre promise pour ne plus la quitter. »

Carnot ne s'était pas trompé en confiant à ce général de vingt-cinq ans le commandement de l'armée de la Moselle. Il avait jugé Hoche non seulement sur ses coups de main brillants, mais sur les rapports, les plans de campagne et les mémoires qu'il avait envoyés au Comité de Salut public. « Hoche, dit Henri Martin, avait deviné d'instinct le système de concentration, la guerre de masses, que de longues méditations avaient révélé à Carnot. Fier, impétueux, irascible autant que généreux, son tempérament de feu l'emportait à la témérité ; mais sa sagacité extraordinaire dominait et réparait tout ; il saisissait d'un seul coup d'œil les plus grands ensembles ; sa vivacité d'impression s'alliait à la profondeur de la pensée. Il résumait tout en deux mots : « La « réflexion doit préparer, la foudre exécuter. »

Dès les premiers jours de son commandement, son armée comprit qu'elle avait affaire à un homme supérieur ; il la passe en revue avec une grande attention, réorganise les différents services, fait avancer les jeunes sous-officiers intelligents et patriotes, donne des instructions très précises à chacun, veille à tous les détails, entre dans la vie intime du camp, recommande la discipline la plus sévère. Un officier publia à ce moment dans l'*Argus de la Moselle* les lignes suivantes, qui indiquent la confiance qu'il inspirait à ses soldats : « Courage, confiance, défenseurs de la patrie. Notre nouveau général m'a paru jeune comme la Révolution et robuste comme le peuple. Il n'a pas la vue myope, comme celui qu'il vient de remplacer ; son regard est fier et étendu comme celui de l'aigle; nous serons conduits comme des Français doivent l'être. » Hoche, étant parvenu à savoir quel était l'auteur de cet éloge, lui dit : « Ami, toi qui as lu dans mon cœur brûlant pour la liberté et la gloire de la patrie, tu m'as deviné; fais-moi connaître ceux qui sont animés des mêmes sentiments que nous, ceux qui ne dissertent pas mais qui se battent. Il faut que tout contribue à servir la République. » Cet officier, nommé Grigny, devint bientôt le chef d'état-major de Hoche. C'est à ce moment que le général donna de l'avancement à des braves qui servaient sous ses ordres et qui devaient bientôt s'illustrer; c'étaient Desaix, Lefebvre, Championnet, Grenier.

Les troupes manquaient de souliers; Hoche écrivit au Comité de Salut public : « De toutes parts on me demande des souliers. Cent volontaires par jour viennent me montrer leurs pieds; je souffre plus qu'eux, citoyen ministre, mais après leur avoir tout donné il ne me reste plus rien. » Le Comité envoya des souliers. Hoche lui répondit : « Grâce aux soins des chefs du gouvernement, nous ne manquerons plus de souliers, chose plus utile à la guerre que la poudre; je l'ai éprouvé. »

L'activité de Hoche, aidé du représentant Saint-Just suffit à tout. En quelques jours l'armée de la Moselle fut régénérée, la discipline fut rétablie

Saint-Just.

et l'enthousiasme surgit. Hoche commença alors
les opérations : il devait manœuvrer de concert
avec Pichegru, qui commandait l'armée du Nord.
A la veille d'entrer en campagne il écrivit à Audouin, adjoint au ministre de la guerre : « Veuille
le génie de la liberté être propice à nos armes !
Les mesures sont prises, et, si j'en crois mes pres-
sentiments, la meilleure cause triomphera. Je
survivrais avec peine à un revers. Si j'avais ce
malheur, j'enverrais à Paris nos dépouilles san-
glantes. Patriotes, montrez-les au peuple ; qu'il
batte son arrière-ban et que son dernier effort
soit le coup de grâce des tyrans. »

L'objectif de la campagne était de débloquer
Landau et de reprendre les lignes de Wissembourg situées derrière la Lauter. Ces positions
étaient occupées par les Autrichiens, que commandait Wurmser. Brunswick et les troupes prus-
siennes se trouvaient en face de Hoche, de l'autre
côté de la rivière la Sarre. Carnot avait ordonné
à Hoche de franchir la Sarre, de prendre Kayserslautern et d'attaquer les Autrichiens. De son côté,
Pichegru devait attaquer Wurmser de manière
à opérer sa jonction avec Hoche. Wurmser, pris
ainsi entre le feu des deux armées françaises, serait obligé d'évacuer Wissembourg et de lever
le siège de Landau. Les soldats criaient de toutes
parts : « Landau ou la mort ! »

« Le 27 brumaire an II (17 novembre 1793), dit Rousselin dans *la Correspondance de Hoche*, l'armée se met en marche sur trois colonnes ; celle de droite débouche du côté de Sarralbe, celle de gauche par Sarre-Libre et le centre par Frandenbourg. L'ennemi, étonné d'une attaque si prompte et si vigoureuse, quitte la Sarre ; battu complètement, il se retire sur les hauteurs de Blise-Castel ; mais Hoche a déjà passé la Blise, s'est emparé de Bising et de Blise-Castel, après un combat où il a tué sept cents hommes à l'ennemi. Brunswick fuit sur Deux-Ponts et bientôt sur Kaiserslautern. Là se réunissent toutes les forces des Prussiens. On se rappelle que la prise de ce fort devait opérer à l'instant le déblocus de Landau... Hoche s'était avancé avec la rapidité de l'aigle ; il a culbuté tous les corps qui s'opposent à son passage ; il est au pied des hauteurs escarpées de Kaiserslautern. Après plusieurs combats très vifs, il gravit la montagne et vient affronter l'ennemi sur le plateau même où il s'était si bien retranché ; là, il se décide sur-le-champ à donner bataille. Un premier coup de canon ayant donné le signal, Hoche, s'élançant hors des rangs, jette son bonnet en l'air, en s'écriant : « Vive la République ! », d'une voix si tonnante, que ce cri, cher à tous les Français, se prolonge longtemps, retentissant dans l'immense front de son armée.

« L'attaque se fait avec audace. La résistance est opiniâtre. Quarante mille hommes contre quarante mille auxquels l'avantage de leur position donne la supériorité d'un nombre triple. Cent bouches d'airain tonnent et vomissent la mort de côté et d'autre. On se bat pendant deux jours avec rage, les 9 et 10 frimaire; l'artillerie légère, commandée par Debelle, fait des prodiges; mais, comme elle n'occupait que la corde de plus d'une demi-circonférence, sur laquelle les redoutes ennemies étaient placées, elle fut maltraitée, au point que plusieurs batteries furent entièrement détruites; canonniers, charretiers, chevaux, pièces et caissons, tout était par morceaux.

« Malheureusement un grave malentendu fait alors manquer le plan d'attaque du général. La division de gauche, la plus éloignée, s'était trompée de route; elle se trouve dans le même chemin que la voisine, ce qui fait naître le désordre et manquer le but principal de cette colonne, qui devait tourner jusque derrière la position de Kaiserslautern. Le brave Hoche vit cet accident à plus de trois lieues d'éloignement; il frémit de cette fatale erreur et vole au lieu où il a vu le désordre. Aussitôt son plan change. Les ordres circulent comme des éclairs; il envoie six bataillons d'infanterie attaquer une redoute qui incommodait sa droite; à sa voix, ces intrépides soldats ne connaissent point d'obstacles ; ils ont à soutenir tout le feu de l'ennemi ; des rangs entiers sont emportés : les troupes de Hoche tiennent bon ; mais la nuit vient et les munitions sont épuisées. Les Prussiens, il est vrai, se trouvent dans la même situation. Hoche se promet d'emporter, dès l'aube, les retranchements ennemis à la baïonnette ; mais un coup de canon parti du camp ennemi trouble le silence de la nuit. Hoche, ému, pince fortement le bras de son voisin : « Les munitions leur arrivent! » s'écrie-t-il. Sa conjecture est bientôt confirmée par les cris de joie tumultueux qui s'élèvent dans le camp ennemi. C'est ici que le jeune Hoche devient supérieur à lui-même : retenant au fond de son cœur le chagrin qui le dévore, il ne laisse apercevoir qu'un front calme et même gai. Forcé de songer à la retraite : « Qu'on batte la marche rétrograde ! » s'écrie-t-il ingénieusement. Le mot de *retraite* lui semblait malsonnant à des oreilles républicaines ; il craignait qu'un plus grand désordre venant à se mettre dans son armée, il ne lui fût plus possible de suivre la plus grande partie de son plan. Il se retire dans l'ordre le plus parfait, avec une célérité qui ne permet pas à l'ennemi de l'entamer, quoique supérieur en nombre et en moyens.

« Comme il revenait en silence, deux représentants du peuple accoururent vers lui, très mécontents de la retraite et même se répandant en menaces. Hoche, froid et tranquille, leur répond en souriant : « Que ne preniez-vous un petit bout « d'arrêté pour fixer la victoire ? Elle a tenu à si « peu de chose ! mais ne vous inquiétez pas, j'ai « d'autres moyens ! »

Ces deux représentants étaient Lacoste et Barulet ; ils finirent par comprendre que la position n'était pas tenable, et Carnot, qui, lui, connaissait bien les difficultés de l'entreprise, écrivit à Hoche : « Un revers n'est pas un crime lorsqu'on a tout fait pour mériter la victoire ; ce n'est point sur les événements que nous jugeons les hommes, mais sur leurs efforts et leur courage. Notre confiance te reste ; rallie tes forces, marche et dissipe les hordes royalistes. Nous t'envoyons dix mille hommes de l'armée des Ardennes : tâche d'instruire Landau que tu viens à son secours et vois, en attendant, si en te joignant à Pichegru il te serait possible de battre l'armée ennemie (l'autrichienne) qui le retient devant Strasbourg. »

De son côté, Saint-Just, qui, comme Carnot, appréciait hautement les mérites de Hoche, lui écrivit : « Tu as pris à Kaiserslautern un nouvel engagement ; au lieu d'une victoire il en faut deux... Mets le plus grand concert entre tes mouvements et ceux de la droite (ceux de l'armée du Rhin commandée par Pichegru)... Il faut que toute la ligne frappe à la fois et frappe sans cesse sans que l'ennemi ait un moment de relâche. Il faut que tous ceux qui commandent les mouvements combinés de ces deux armées soient amis. Mets la plus grande rapidité dans ta marche sur Landau : le Français ne peut s'arrêter un moment sans s'abattre. »

Hoche répondit au Comité de Salut public : « Si mon zèle avait pu s'attiédir, la lettre du Comité est bien faite pour le porter au plus haut degré. Il n'en était pas besoin; je suis trop attaché à la République et connais assez l'étendue de mes devoirs pour ne pas chercher toujours à m'en acquitter... je suis loin de désespérer du salut de la patrie. Les Français veulent la liberté, et tant qu'il restera quatre patriotes, ils suffiront pour inquiéter les tyrans. »

Il n'hésita pas à exécuter les plans de Carnot; contrairement à ce que l'on a cru, il y employa même tout son courage et toute son énergie. Il prit les dispositions les plus actives pour arriver à franchir les Vosges par les défilés de Pirmasens, entre la Queich et la Lauter, afin d'opérer sa jonction avec Pichegru. Desaix, qui avait quelques craintes de s'engager dans ces passages dangereux, demanda sérieusement à Hoche ce qu'il comptait faire.

« Sois tranquille, mon camarade, lui dit-il, avec des baïonnettes et du pain nous pouvons vaincre tous les tyrans de l'Europe. » Il ne laissa aucun repos à ses troupes. « Le repos, disait-il, est la rouille du courage. »

Pour que la marche fût plus facile, il supprima tout bagage inutile ; plus de tentes. Malgré les rigueurs du froid il faisait bivouaquer en plein air dans les forêts des Vosges. Un régiment se mutinait, déclarant que jamais l'on n'avait fait la guerre dans de pareilles conditions et qu'il fallait prendre les quartiers d'hiver. Hoche met à l'ordre du jour que ce régiment n'aurait pas l'honneur de prendre part à la prochaine bataille. Humiliés, les soldats viennent lui demander grâce et se mettent à l'avant-garde. Il y eut pendant ces journées des actes d'héroïsme et d'abnégation dignes des plus grands dévouements de l'antiquité, de Sparte et de Rome.

Hoche écrivait alors au ministre de la guerre Bouchotte : « Si ma lettre d'hier à dû t'étonner, elle ne doit point t'effrayer. Dans cinq jours je ferai passer à Pichegru de douze à quinze mille hommes et vais occuper les points en avant de Deux-Ponts, que je ferai retrancher. J'espère que ma première ne sera pas aussi malheureuse que celle d'hier. Les ennemis ont fait grande réjouissance ce matin ; ils me reverront sous peu et de

bien près. A n'en pas douter, leur poudre est supérieure à la nôtre... Citoyen ministre, demain
toute l'armée sera en mouvement, et douze mille
hommes s'acheminent vers Bitche, pour forcer
les gorges de Wissembourg.

« Je travaille à établir une barrière insurmonta-
ble, ou plutôt un désert entre les frontières de la
République et les tyrans; bois, maisons, tout sera
abattu; après quoi je ferai mon possible pour
aller commander la division agissante. »

Il gardait, même avec son entourage, le secret
le plus impénétrable sur ses projets : « Si je pen-
sais, disait-il, que mon bonnet connût mes plans,
je le jetterais au feu. » Cette prudente réserve lui
fut plus tard cruellement reprochée par Lebas et
par Saint-Just.

En face de Hoche, barrant le passage, s'élevaient deux redoutes, l'une à Reischoffen, l'autre
à Freischwiller. Les canons des redoutes portaient
la mort et l'épouvante dans les rangs français.
Hoche, au milieu de la mitraille, s'écrie : « Camarades, à six cents livres chaque pièce de
canon! — Adjugé! » répondirent les soldats. Il
n'était pas possible de rester plus longtemps sous
le feu de l'ennemi; c'était un véritable massacre.
« A la baïonnette! » s'écrie Hoche, et tous les
braves à la fois répondent : « A la baïonnette!
Vive la République! » Ils s'élancent, au pas de

charge franchissent les retranchements d'où sortent les boulets de canon qui fauchent leurs rangs, tuent les canonniers à coups de crosse et de baïonnette, s'emparent de toutes les pièces de canon. C'est la seule fois que Hoche promit à ses soldats autre chose que l'honneur. Les commissaires civils délégués aux armées tinrent la parole de Hoche ; ils donnèrent 3,600 livres au 3° régiment de hussards, qui avait pris six canons ; 2,400 livres au 14° dragons, pour quatre pièces ; 2,400 livres également au 2° bataillon de la 55° brigade et autant au 4° bataillon des volontaires du Bas-Rhin.

Le passage redoutable était heureusement franchi ; l'ennemi se retira et s'établit à Wœrth. Hoche l'attaque sans délai et le bat encore. A ce combat il courut les plus grands dangers. Un arbre auprès duquel il se trouvait est coupé par un boulet : l'arbre tombe sur lui et le renverse meurtri ; il se dégage et continue à donner ses ordres sans dire un seul mot. Un instant après, un boulet tue son cheval ; il se relève : « Ces messieurs voudraient me faire servir dans l'infanterie ! » dit-il simplement, et il monte sur le cheval d'un dragon. Ce jour-là il prend aux Autrichiens tous leurs bagages et toute leur artillerie. Ils se retirent derrière la Sühr. Hoche les poursuit toujours l'épée aux reins ; il les atteint, le 23 décembre, à

Soultz, franchit des marécages, les repousse à la baïonnette, les refoule sur la Lauter et les force à se réfugier dans Wissembourg.

Il rencontra sur le champ de bataille l'armée de Pichegru. Hoche se précipita dans les bras de ce général, qui le reçut froidement. Il était jaloux des brillants faits d'armes de son jeune collègue. Il y avait lieu de réunir, à ce moment, les deux armées sous un seul commandement. Hoche demanda que ce commandement fût donné à Pichegru ; mais les représentants du peuple Lacoste et Baudot, témoins des talents de Hoche, lui conférèrent la direction des deux armées réunies de la Moselle et du Rhin. L'on agita alors la question de l'organisation des états-majors des deux généraux. « Quels officiers prendrai-je avec moi ? dit Pichegru. — Ceux que tu voudras, » répondit Hoche. Il sentait bien que la direction d'une armée dépend surtout de son chef et non des états-majors.

Les armées ennemies décimées avaient, comme les armées françaises, opéré leur jonction. Brunswick et Wurmser délibéraient ensemble. Ils décidèrent d'attaquer le 26 décembre. Hoche les devança ; il ordonna à l'armée du Rhin de marcher à l'instant sur la ville de Lauterbourg et il chargea Desaix de cette difficile opération. A l'aile gauche, trois divisions de l'armée de la

Lazare Hoche.

Moselle attaquèrent les hauteurs de Kaiserslautern et de Anviller. Hoche en personne s'avança avec trente-cinq mille hommes sur la place de Wissembourg et attaqua les hauteurs de Geisberg à la baïonnette, sous le feu de sept batteries d'artillerie. L'élan fut irrésistible ; au cri de : « Landau ou la mort ! » les Français escaladèrent les ravins, les buissons, les retranchements ; ils enlevèrent les batteries comme à Freischwiller. Les Autrichiens, commandés par le duc de Brunswick, abandonnèrent les célèbres lignes de Wissembourg et, le 27, Hoche entra dans la ville. Desaix, de son côté, avait pris Lauterbourg. Le lendemain le blocus de Landau était levé. Brunswick, honteux de ses défaites, donna sa démission. Les Français occupèrent le Palatinat et s'emparèrent des magasins de subsistances et d'approvisionnements de tout genre de l'ennemi. Les Autrichiens abandonnèrent le fort Vauban. L'Alsace fut délivrée tout entière. Cette merveilleuse campagne remit en bon état les affaires de la nation, qui étaient gravement compromises deux mois auparavant. La Révolution venait d'enfanter le plus grand génie militaire de l'époque : c'était un guerrier de vingt-cinq ans !

A la veille de la bataille de Wissembourg, Hoche s'était recueilli un instant, au milieu du tumulte des camps. Il avait écrit une lettre qui a été retrouvée, à son maître, à son ancien chef, le brave général Le Veneur, celui qui avait mûri son esprit et adouci, on peut bien le dire, ce que son éducation première avait d'un peu rude et d'un peu vulgaire.

« Les voilà revenus, lui écrivait-il, ces transports que nous avons vus éclater autrefois en présence de l'ennemi. Le découragement et l'épouvante ont fui loin de nous; je ne suis entouré que de braves marchant à l'ennemi sans rompre d'une semelle. Auprès des feux allumés sur toute la ligne j'ai surpris dans tous les groupes la témérité et l'audace qui assurent la victoire. Pas un murmure contre ce vent si froid qui souffle avec violence; pas un regret pour ces tentes qu'un des premiers j'ai fait supprimer. Il en est peu qui se piquent d'imiter le vainqueur de Rocroi et qu'il faudrait éveiller pour la bataille; mais l'air est glacial, et j'aime mieux les conduire à l'ennemi, irrités par l'insomnie, que reposés par un sommeil toujours fatal à l'entraînement avec cette température. Reconnu par le plus grand nombre, j'ai partout été salué de ce cri : « Landau sera « libre! » Oui, mon général, Landau sera libre... Les jours de douleur et de honte sont passés. Avec des soldats si bien préparés, une autorité aujourd'hui sans entraves et l'appui des représentants, je dois vaincre ou mourir. C'est une

alternative que j'ai acceptée ; oui, mon général,
si cette lettre n'est que l'annonce trop présomp-
tueuse d'un succès que je crois infaillible, elle
doit vous porter mes derniers adieux ; je suis à
la veille du plus beau ou du dernier de mes jours. »

Le lendemain de sa victoire, Hoche écrivit au
Comité de Salut public pour lui annoncer qu'il
avait exécuté complètement les plans de Carnot :

« Maintenant que le but est atteint, je désire
n'avoir plus la charge que du commandement
de l'armée de la Moselle. Les deux ensemble sont
un trop pesant fardeau pour une tête de vingt-
six ans. »

Pour le récompenser de ses immenses services, le Comité de Salut public l'arracha à son
armée de la Moselle. La jalousie de Pichegru ne
connaissait plus de bornes. Ce misérable, qui
devait, lui, trahir la République, osa accuser
Hoche auprès de Saint-Just et de Lebas d'aspirer
à la dictature. L'amour des braves enfants de la
Moselle pour le jeune général lui fut imputé à
crime. On lui reprocha d'avoir tenu secrètes ses
opérations militaires, de ne pas avoir très exactement suivi les instructions du Comité de Salut
public, d'avoir une indépendance d'attitude et de
langage trop manifeste, d'être trop familier avec
les subalternes, de ne pas s'être assez concerté
avec lui pendant la campagne. Il devint suspect

aux yeux de Robespierre, qui avait déclaré à Carnot que c'était un jeune homme bien dangereux alors qu'il n'était encore que capitaine; mais l'on n'osa pas le frapper au milieu de son armée. C'eût été peut-être provoquer une sédition, mais c'eût été à coup sûr provoquer des cris d'indignation. Il reçut l'ordre de prendre des cantonnements entre Bitche et Longwy et de ne rien faire.

L'on était alors à la période la plus violente de la Terreur : les girondins avaient été conduits à l'échafaud; les montagnards eux-mêmes, et Danton avec eux, avaient été guillotinés. Les demandes d'ordres de Hoche, ses communications, ses lettres au Comité de Salut public ne recevaient plus de réponse. Il distribua des habits et des souliers à ses soldats qui n'en avaient plus : ils les avaient usés en sauvant la France. On lui déclara qu'il empiétait sur les attributions de l'administration civile et qu'il n'avait pas le droit de s'occuper de ces choses-là. Il ne reçut aucune félicitation et aucune récompense honorifique. Un découragement, bien explicable, s'empara de lui. Il écrivait à cette époque à l'un de ses amis, Dulac, la lettre suivante : « Les cartes que tu m'annonces me serviront-elles? Je l'ignore, mon ami; abreuvé de dégoûts, ce n'est plus l'homme que tu as connu qui t'écrit : c'est un malheureux qui se fuit lui-même et qui ne peut trouver nulle part le repos. Je désire qu'une démission, que je vais présenter incessamment, soit acceptée sans aigreur, comme elle sera donnée. Ardent ami de la Révolution, j'ai cru qu'elle changerait les mœurs. Hélas! l'intrigue est toujours l'intrigue, et malheur à qui n'a pas de protecteurs! Tiré des rangs par je ne sais qui ni pourquoi, j'y rentrerai comme j'en suis sorti, sans plaisir ni peine. C'est assez t'entretenir de mes misères. J'envie ton sort. »

Hoche considérait alors que sa carrière militaire était terminée. Il chercha dans les joies de la famille le bonheur et les consolations. Il épousa la fille d'un garde-magasin qu'il avait remarquée à Thionville, Anne-Adélaïde Dechaux, aussi belle que vertueuse. Il lui écrivit lui-même à Thionville, avant son mariage, la lettre qu'on va lire et qui respire le sentiment le plus tendre et le plus loyal :

« Ma chère Adélaïde, le nœud qui va vous unir à moi est saint et sacré. Ce n'est pas pour un moment que nous serons liés l'un à l'autre, c'est pour toujours; pour toujours, songez-y bien. Peut-être n'avez-vous point assez réfléchi à cet engagement. Ne voyez en moi qu'un simple citoyen; qu'un nom trop prôné par les gazettes ne vous fasse point désirer de devenir l'épouse d'un homme dont l'unique ambition est de vous rendre heureuse. Il est encore temps; si quelque objet avait pu vous frapper, dites un mot, je retire ma parole; je me borne à rester votre ami et ne désire plus que votre estime. Faites librement cette confidence à un homme assez généreux et juste pour ne se plaindre que du sort. Si, au contraire, votre cœur n'a pas encore été touché, accordez-le à mon amour : en devenant mon épouse devenez mon amie. Ne jurons point; promettons à la face de l'Être créateur de ne jamais nous séparer. Je ne mentis jamais; votre cœur me répondra de votre sincérité. »

Ce langage touchant, qui emprunte le style un peu emphatique de l'époque révolutionnaire, est rempli de poésie et de générosité. Hoche était à peine marié depuis quelques jours qu'il reçut l'ordre de partir pour l'armée d'Italie. On voulait, avant de le frapper, le séparer de son armée et l'envoyer au loin. Il obéit sans murmurer, sans qu'un mot, sans qu'un signe trahît les craintes qu'il ressentait et le chagrin qu'il éprouvait. Il partit pour Nice en mars 1794, laissant sa femme, après avoir adressé à ses vaillants compagnons d'armes la proclamation suivante :

« Citoyens, le service de la République, notre

mère commune, m'appelle ailleurs. Continuez à
bien mériter d'elle ; le nom du nouveau chef que
vous avez a déjà frappé votre oreille. Avec lui,
vous ne pouvez qu'anéantir les tyrans coalisés
contre notre sainte liberté. Vive à jamais la République une et indivisible !

« Lazare Hoche. »

Le nouveau chef de l'armée de la Moselle était
Jourdan, qui, lui aussi, six mois auparavant, avait
été récompensé de sa victoire de Wattignies par
une mise en non-activité et qui était rentré à
Limoges dans sa boutique de mercerie. Le Comité
de Salut public, ayant reconnu son erreur, venait
de le rappeler à l'activité et de lui confier l'armée
de Hoche. Celui-ci, ne voulant pas laisser planer
le moindre soupçon sur sa conduite, adressa tous
ses registres de correspondance et tous ses papiers
au commissaire civil Lacoste, le témoin journa-
lier de ses actes, en lui écrivant : « Je désire
qu'ils servent à faire luire la vérité et à retracer
à nos neveux ce qu'il en a coûté à leurs pères
pour conquérir la liberté ! »

CHAPITRE III

Le quartier général de l'armée d'Italie était à
Nice. Hoche y arriva à la fin de mars 1794 ; sa
renommée l'avait précédé et les soldats lui réser-
vaient l'accueil le plus sympathique. Dès le premier jour, il examina ses cartes ; il comprit que
c'était de l'autre côté des Alpes que se trouvait le
véritable champ de bataille, et il étudiait déjà le
plan que Bonaparte, plus heureux que lui, devait
réaliser.

Pendant que Hoche avait fait la route de Thionville à Nice, le Comité de Salut public avait décidé,
sur les instances de Lebas et de Saint-Just, de le
mettre immédiatement en arrestation. L'ordre fut
écrit de la main du membre du Comité chargé
de la direction des armées, Carnot, et signé
par Saint-Just, Collot d'Herbois, Barère, Carnot,
Couthon, Lindet et Billaud-Varenne. Il est conservé dans les archives du comte des Roys, député
actuel, petit-fils de Hoche ; il est ainsi conçu :

« Le Comité de Salut public arrête que l'expédition d'Oneille, qui devait être faite par le général Hoche, sera confiée au citoyen Petit Guil-
laume, général de l'armée des Alpes, auquel il a
donné des ordres à cet effet. Les représentants
du peuple près l'armée d'Italie feront mettre
Hoche en état d'arrestation et l'enverront à Paris
sous bonne et sûre garde. »

Les représentants du peuple près l'armée d'Italie
chargèrent le général Dumerbion de procéder à
l'arrestation.

Le soir même de son arrivée, Hoche était à
prendre son repas frugal, du pain, de l'eau et des
olives, avec l'un de ses aides de camp, lorsqu'il vit
entrer Dumerbion qu'il ne connaissait pas encore et
qui était un vieillard à cheveux blancs. Il se leva et
l'invita à partager son modeste repas ; mais Dumerbion lui lut, non sans émotion, l'ordre d'arrestation.

« Pardon, général, répondit Hoche, en se ras-
seyant sans s'émouvoir, j'ignorais que vous fus-
siez un gendarme ; j'ai besoin de repos, ma conscience me permet de dormir tranquille ; demain
je serai à vos ordres. » Dumerbion lui demanda
son épée, il la lui remit sans mot dire ; deux gendarmes veillèrent à sa porte, et le lendemain
matin, il partit pour Paris, escorté par des gendarmes. Avant de se mettre en route il écrivit à son
beau-père la lettre suivante :

« Quels que soient les motifs de mon arrestation,
je suis sans crainte parce que je suis sans reproche,

Robespierre.

bien qu'il y ait sans doute tout à craindre. Je ne
me plains pas. C'est toi, Adélaïde, c'est vous que
je plains. Je ne souffre que de ce que par moi

vous allez avoir à souffrir. Dans les républiques, je le sais, le général trop aimé des soldats qu'il commande inquiète les citoyens ombrageux ; mais moi, devait-on me soupçonner ? Je ne vois cependant pas d'autres griefs contre moi que le dévouement et l'affection de l'armée. Eh bien ! que l'on me fasse rentrer dans la classe des autres citoyens ; je serais heureux si mon exemple peut servir à la chose publique. Après avoir sauvé Rome, Cincinnatus alla labourer son champ ; je suis loin de prétendre égaler ce grand homme ; mais, comme lui, j'aime ma patrie, et si mon abaissement peut être utile, je ne demande qu'à rentrer dans les rangs d'où le hasard et mon travail m'ont fait trop tôt sortir pour ma tranquillité. »

Il y avait, en effet, tout à craindre du terrible tribunal révolutionnaire que présidait Dumas et où Fouquier-Tinville siégeait comme accusateur public, car bien peu d'accusés échappaient à ses sentences. Conduit au Comité de Salut public, il rencontre son ennemi, Saint-Just, qui lui dit :

« Que voulez-vous ? — Justice, répondit Hoche. — On vous fera celle que vous méritez. » On l'enferma au couvent des Carmes déchaussés, converti en prison, et Carnot fut chargé de l'instruction de son affaire.

L'on s'est demandé si Robespierre était revenu de ses préventions vis-à-vis de Hoche. Ce point d'histoire a été controversé. Le mandat d'arrestation qu'on vient de lire ne porte pas la signature de Robespierre. Ce ne serait pas une raison suffisante pour en inférer qu'un changement s'était produit à ce sujet dans l'esprit du tribun. Une preuve plus concluante de ce changement paraît résulter d'une lettre écrite par Hoche à Robespierre, qui a été retrouvée et dont M. Hamel donne le texte dans son *Histoire de Robespierre*. Elle est datée du 1er prairial. La voici :

« Le soldat qui a mille fois bravé la mort dans les combats ne craint pas l'échafaud. Son seul regret est de ne plus servir le pays et de perdre en un moment l'estime du citoyen qu'il regarda de tout temps comme un génie tutélaire. Tu connais, Robespierre, la haute opinion que j'ai conçue de tes talents et de tes vertus ; les lettres que je t'écrivis de Dunkerque et mes professions de foi sur ton compte adressées a Bouchotte et Audouin, en sont l'expression fidèle ; mais mon respect pour toi n'est pas un mérite : c'est un acte de justice, et s'il est un rapport sous lequel je puisse véritablement t'intéresser, c'est celui sous lequel j'ai pu utilement servir la chose publique. Tu le sais, Robespierre ; né soldat, soldat toute ma vie, il n'est pas une seule goutte de mon sang que je n'aie consacrée à la cause que tu as illustrée. Si la vie, que je n'aime que pour ma patrie, m'est conservée, je croirai avec raison que je la tiens de ton amour pour les patriotes ; si, au contraire, la rage de mes ennemis m'entraîne au tombeau, j'y descendrai en bénissant la République et Robespierre. »

Au couvent des Carmes, Hoche rencontra Joséphine de Beauharnais, qui devait par la suite épouser Bonaparte. Le 16 mai on le transféra à la Conciergerie, d'où l'on ne sortait guère que pour aller à l'échafaud. Pendant ce temps, l'on emprisonna le beau-père de Hoche comme suspect, parce qu'il avait marié sa fille avec le vainqueur de Wissembourg. Joséphine de Beauharnais fut aussi conduite à la Conciergerie. Hoche y rencontra Mme Tallien, la duchesse d'Aiguillon, un jeune officier de vingt ans nommé Thoiras. Ayant appris l'arrestation de son beau-père, il écrivit à sa femme :

« Pourquoi un hasard funeste m'a-t-il placé sur ton chemin ? Si je ne t'avais pas rencontrée, tu serais heureuse au sein d'une famille honorable. Pardonne-moi ; je ne prévoyais pas ce que je t'apporterais de tourments et d'ennuis ; ne te laisse pas abattre, sois ma digne épouse par le courage ; tu le dois à mon amour, à tes parents, à ta patrie : ce n'est pas elle qui est ingrate. Témoigne à ceux qui me sont restés fidèles combien leur affection m'est précieuse ; dis-leur surtout que, dans le malheur, mon amour pour la République ne se dément pas, et que si ma mort est utile, je suis tout prêt pour le sacrifice. »

Hoche ne cessait de demander des juges à Carnot, qui était chargé de son procès. Carnot, comprenant le danger qu'il y avait à l'envoyer à la barre du tribunal révolutionnaire, traînait les choses en longueur. Il gagnait du temps pour le sauver, pressentant bien que le régime de la Terreur ne pouvait durer encore longtemps. Ces retards sauvèrent la vie de Hoche. Il avait été arrêté à la fin de mars ; au 9 thermidor, (27 juillet 1794) il était encore à la Conciergerie. Une détention aussi longue était absolument hors des pratiques judiciaires de l'époque, et si, par malheur, Carnot eût écouté les réclamations de Hoche, qui se plaignait de la lenteur de la procédure et de la prolongation de sa détention, la nation eût été privée de l'un de ses plus glorieux défenseurs, et la tête de celui qui devait rendre à son pays l'immense service de pacifier l'insurrection si redoutable de la Vendée, fût allé rejoindre celles de Custine, Houchard, Vergniaud et Danton dans le panier de la guillotine.

Le 9 thermidor mit fin au régime de la Terreur. Robespierre, Saint-Just et Couthon furent arrêtés par ordre de la Convention nationale et menés, à leur tour, à l'échafaud, malgré le conseil de la Commune de Paris, qui était parvenu à les délivrer un instant. Pendant cette effroyable journée Hoche, au milieu des angoisses de ses nombreux compagnons de captivité, avait conservé assez de calme et de sérénité pour rédiger le mémoire de sa défense. En voici quelques passages qui ont été retrouvés :

« Ajourd'hui, 9 thermidor an II de la République, à quatre heures après midi, me trouvant seul et un peu oublié au milieu de la préoccupation générale, je me demande en vain pourquoi j'ai été arrêté. Je ne vois qu'un motif : c'est mon refus de conférer avec les représentants à l'armée quand j'ai cru qu'il était pressant d'agir. Est-ce là de l'insubordination ? Quoi qu'il puisse m'en coûter, je resterai convaincu du mot d'Eugène de Savoie : « Tout général qui tient conseil de « guerre n'a pas envie d'entreprendre. »

« En présence de l'occasion qu'il fallait saisir, je n'ai jamais craint d'engager ma responsabilité ; j'ai toujours pensé que la plus terrible, c'est d'avoir à rendre compte un jour à l'Être suprême du sang humain qu'on aurait répandu sans nécessité, et, je dois le dire, celle-là, mais celle-là seule, m'a toujours fait trembler... »

Le lendemain il vit passer dans un corridor de la Conciergerie Saint-Just, qu'on incarcérait à son tour. Il comprit qu'il était sauvé. En effet la Convention ayant décidé l'élargissement des prisonniers arrêtés sans preuves ou réclamés par des représentants du peuple, Hoche fut délivré, le 17 thermidor, sur la demande de Lacoste, qui l'avait vu à l'œuvre à l'armée de la Moselle. Il se rendit à Thionville à pied, n'ayant pas l'argent nécessaire au voyage.

CHAPITRE IV

Hoche commandant en chef de l'armée de la Vendée. — Sa
bonté pour les chouans. — Les émigrés sont chassés de Quiberon. — Hoche pacifie la Bretagne et la Vendée.

1795-1796.

Le 29 thermidor an II, douze jours après sa
sortie de la Conciergerie, Hoche fut nommé, par
le Comité de Salut public, général en chef des
armées des côtes de Cherbourg et de Brest, avec
mission de pacifier la Vendée insurgée. La situation des troupes républicaines était assez critique.
Les succès remportés par elles, à la fin de 1793,
avaient été compromis par les excès de Carrier
et du général Turreau qui, au lieu de pardonner
aux paysans, tout en punissant les chefs, avait
organisé, après la défaite des Vendéens, un système de colonnes mobiles qui dévastaient le pays,
brûlaient les villages, massacraient les habitants.
Ne pouvant plus se loger ni se nourrir dans leurs
demeures, les paysans exaspérés allèrent rejoindre La Rochejacquelein, Stofflet, Charette et les
autres organisateurs de la Vendée. La Rochejacquelein, qui n'avait que vingt et un ans, fut tué

dans une escarmouche. Ses compagnons se rangè-
rent sous la bannière de Charette, ancien lieutenant de vaisseau, personnage bizarre et théâtral,
qui au milieu des massacres et des incendies don-
nait des fêtes et des bals aux aventurières et aux
insurgés compagnons de ses désordres et de ses
périls.

Les représailles étaient terribles dans les deux
camps. L'on fusillait de toutes parts les prisonniers. Les Vendéens mettaient en croix les républicains qu'ils pouvaient prendre. Enfin les principes de Carnot triomphèrent dans le Comité de
Salut public : Carrier et Turreau furent rappelés à
Paris. Le général Vimeux avait succédé à Turreau et avait repoussé dans le Bocage les bandes
de Pageot et de Charette. Les commissaires civils
délégués aux armées promirent alors la vie sauve
aux paysans et entreprirent de négocier avec
les chefs de la Vendée. La surveillance se relâcha
après le 9 thermidor. La Bretagne n'était pas
pacifiée, au contraire; elle reprenait les armes,
poussée par les meneurs qui, ayant quitté la
Vendée, s'étaient enfuis sur la rive droite de la
Loire et avaient soulevé cette province, où le
comte de Puisaye commandait les chouans.

Dès son arrivée en Bretagne, Hoche rétablit
la discipline, que ses prédécesseurs avaient trop
négligée. Il se trouva à la tête d'une trentaine

de mille hommes, troupes insuffisantes pour occuper toute une province dont le sol est accidenté, hérissé de bois, parsemé de ruisseaux et de ravins. L'armée de Bretagne était disséminée par petits corps dans les villes, et là elle pressurait les habitants, vivant à leurs dépens dans la paresse et le désordre. Hoche comprit que la première chose à faire c'était d'abandonner les villes et de former des camps retranchés dans les campagnes, de manière à disperser les bandes de chouans qui les infestaient, au moyen de patrouilles circulaires balayant nuit et jour les environs. Il adressa à l'armée républicaine la proclamation suivante, qui indiquait comment il entendait qu'elle devait se conduire à l'avenir :

« A la voix de la patrie, l'homme libre s'arme et court défendre ses foyers, sans chercher à imiter l'esclave de la tyrannie, qu'un vil intérêt ou la crainte du châtiment fait mouvoir. Le républicain qui ne connaît pas de maître, mais qui chérit ses devoirs, et dont la discipline sévère consiste dans l'ardent amour de son pays, les observe partout; il protège les faibles contre l'oppression des forts, fait respecter rigidement les propriétés, console les malheureux et les aime tous; il fuit la volupté et l'ivresse, qui dégradent l'âme; il ne connaît pas d'autre parure que l'entretien de ses armes et de son vêtement; il n'affiche pas

les vertus, mais elles lui sont chères ; il les pratique ; il est vainqueur ou il périt honorablement. »

D'un autre côté, il adressa au Comité de Salut
public une note indiquant les procédés qu'il lui
paraissait opportun d'employer pour arrêter l'ef-
fusion du sang.

« Hâter le moment de la pacification avec les
chouans, les traiter avec douceur et fermeté, leur
inspirer la confiance qu'ils paraissent ne pas avoir ;
agir avec eux de bonne foi.

« Quant aux avantages à leur accorder :

« Mettre en liberté les prêtres réfractaires, leur
laisser dire messe et complies, les acheter, s'en
servir contre les chefs de parti ;

« Diviser ces derniers en achetant les uns et
en flattant l'amour-propre des autres ;

« Confier à ceux-ci la partie de la police de
l'intérieur du pays, qu'ils pourraient faire avec
les gardes nationales qu'on voulait créer, en les
faisant surveiller par les républicains de bonne
trempe, et placer ceux-là dans des corps aux frontières ;

« Répandre habilement de l'argent parmi la
classe indigente ; faire circuler des écrits sagement rédigés, calmants, religieux et patriotiques ;
entretenir dans le pays un corps de vingt-cinq
mille hommes campés sur différents points ;

« Environner les côtes de Bretagne de chalou-

Épisode de la retraite des Vendéens.

pes commandées qui changeraient de poste tous les dix jours ;

« Conserver de l'infanterie sur les côtes pour s'opposer aux petits débarquements ;

« Faire rentrer les munitions des arsenaux des villes et les porter dans ceux des places fortes ;

« Tirer peu du pays, parce qu'il n'y avait presque rien ;

« S'emparer de Jersey et de Guernesey ; établir une chouannerie en Angleterre ;

« Réorganiser d'une manière conforme aux principes de justice les administrations, et enfin imposer publiquement silence aux malveillants qui attaquaient la confiance due par le peuple à des républicains qui journellement se dévouaient à la mort pour servir la patrie. »

Il publia la déclaration suivante, adressée aux habitants de la Bretagne :

« Je ne suis pas envoyé pour anéantir les populations, ainsi qu'on a osé le prétendre, mais pour faire respecter les lois. Quoi donc ! vous préférez les bois et les forêts à vos toits paternels ! le nom et le métier de bandit au nom de citoyen ! et une mort honteuse, inévitable, à l'honneur de servir la patrie ! Quel délire ! quel égarement ! Cessez, Français, de vous armer contre la République ; elle veut que vous soyez libres et égaux. Rentrez dans son sein, jouissez de ses bienfaits, et ne pro-

longez point une vaine résistance qui me force-
rait d'agir avec rigueur. »

Hoche établit son quartier général à Rennes,
où il rassemble dès son arrivée tous les officiers
placés sous ses ordres :

« Ne perdez jamais de vue, leur dit-il, que la
politique doit participer à cette guerre : employez
tour à tour la probité, l'humanité, la force, la
ruse et toujours la dignité qui convient à des républicains. Le moment est arrivé où, retenus dans
de justes bornes, les défenses de l'État ne feront
plus trembler les citoyens paisibles. La plus entière discipline doit faciliter enfin le retour de
l'ordre, de l'économie et des mœurs. Ralliez vos
soldats, parlez-leur fermement et surtout prêchez
par l'exemple. »

Il obtint du Comité de Salut public l'annulation
du décret qui ordonnait de détruire toutes les
haies qui, dans les provinces de l'Ouest, entourent
les prairies et les champs; il donna des semences
aux paysans pour qu'ils puissent reprendre la cul-
ture de leurs terres; il laissa librement exercer
le culte et ne poursuivit plus les prêtres. Les représentants envoyés aux armées voulaient absolument
traiter avec les chefs des chouans : c'était une faute,
car ceux-ci, se sentant soutenus par l'Angleterre,
ne demandaient qu'à traîner en longueur, qu'à
prolonger les pourparlers, afin de donner à Pitt le

temps nécessaire à l'envoi de renforts ; ils s'étaient concertés entre eux pour faire une paix simulée.

Le comte de Puisaye se rendit en Angleterre pour hâter le départ des troupes de secours et en même temps il donna à ses lieutenants l'ordre de signer un traité de paix. Cormatin, Bois-Hardi, Charette se rendirent à la Mabiliais, près de Rennes, où se trouvaient les représentants auprès des armées, et là on signa une déclaration par laquelle les chefs de la chouannerie adhéraient à la République une et indivisible et s'engageaient à ne plus prendre les armes. De leur côté les représentants du peuple promirent que le culte serait libre et que les prêtres ne seraient nullement inquiétés ; que des secours seraient distribués aux habitants pour rebâtir leurs chaumières et reprendre les travaux des champs ; que les jeunes gens qui auraient dû se trouver dans les armées républicaines resteraient chez eux, afin de travailler au rétablissement de l'agriculture, qui manquait de bras. On donna à Charette et à ses lieutenants de fortes sommes d'argent et on lui laissa le commandement d'une garde territoriale composée de conscrits du pays, chargée d'assurer l'ordre et la sécurité de la contrée. Ces conditions ne peuvent s'expliquer que par un désir extrême de faire la paix à tout prix. Le traité fut signé le 17 février 1795. Pour bien montrer que la paix était conclue, les repré-

sentants du peuple et Charette firent côte à côte
une entrée triomphale à Nantes.

Un autre chef de bandes, un ancien garde-
chasse, Stofflet, avait refusé d'adhérer à la paix
de la Mabiliais. Poursuivi par les républicains
dans le bas Anjou, il fut obligé de capituler et
on lui fit les mêmes conditions qu'à Charette
par le traité de Saint-Florent. Il reçut deux mil-
lions de francs. Cormatin avait reçu un million
et demi. Une paix semblable pour la Vendée fut
signée à la Jaunaye, près de Nantes.

A Londres, Puisaye avait obtenu des secours en
argent, mais pas de troupes, sauf celles exclusi-
vement formées par des émigrés français. Il fut
convenu avec Pitt qu'on opérerait dans le Morbihan. Pendant ce temps, la chouannerie se réor-
ganisait : la fausse paix de la Jaunaye avait été
une duperie. Hoche en avait prévenu les représentants et n'avait jamais cessé de se tenir sur
ses gardes. L'insurrection recommença bientôt.
Hoche, apprenant que les chouans formaient un
véritable corps de troupes, rassembla ses soldats
disséminés dans les camps. En chargeant le général Dulasmes, qui ne connaissait pas la chouannerie, de la direction d'une division il lui écrivit :

« Un ramas de contrebandiers, d'assassins, d'é-
migrés, d'échappés de galères, quelques fantas-
tiques et beaucoup d'hommes qui se sont soustraits

à la première réquisition, voilà l'armée que nous aurons à combattre. Je ne te dissimule pas, général, que l'apprentissage de cette guerre est aussi difficile que l'apprentissage de celle que tu viens de faire. Tantôt sur un point, tantôt sur un autre, déssiminés par pelotons de dix, douze, trente, ou rassemblés au nombre de deux cents, voilà la tactique des chouans. Certains de trouver partout des vins et des amis, ils ne portent rien que leurs armes, dont ils se servent très bien.

« Ils ont partout des agents, dans les administrations, dans les clubs. Tu ne mettrais pas la tête à la fenêtre sans que les chefs des chouans n'en soient instruits par leurs nombreux émissaires.

« Il est possible que de six mois tu ne voies pas un ennemi. Il est possible qu'à la première sortie que tu feras tes ordonnances soient fusillées à tes côtés sans que tu saches d'où part le coup. »

Le secret des manœuvres de Puisaye à Londres et de l'organisation des forces bretonnes avait été assez bien gardé ; mais un jour un courrier de l'un des signataires du traité de la Jaunaye, Cormatin, fut arrêté près de Vannes ; il portait des dépêches secrètes pour le comité royaliste du Morbihan. Le complot fut découvert. Les trois représentants du peuple qui se trouvaient en mission à Vannes firent, à l'instant, arrêter Cormatin et plusieurs de ses lieutenants. Bois-Hardi commença immédiatement les hostilités ; il fut tué et sa bande dispersée. Mais trois mille émigrés s'étaient embarqués en Angleterre et faisaient voile vers les côtes de Bretagne. Ils conduisaient des munitions considérables, des armes, des objets d'équipement pour quarante mille hommes. Ils comptaient sur un soulèvement général de la Bretagne. Le Comité de Salut public ordonna à l'amiral Villaret de Joyeuse, qui commandait l'escadre de Brest, d'arrêter la marche de la flotte anglaise. Le 9 juin 1795, il sortit du port de Brest pour aller débloquer le contre-amiral Vence à Belle-Isle ; mais celui-ci rentrait à Brest à ce moment. Ils réunirent leurs flottes et aperçurent, le 17 juin, l'escadre anglaise, commandée par lord Cornwallis, qu'ils canonnèrent pendant toute la journée, mais qui parvint à s'échapper. Le 25 juin, les émigrés jetèrent l'ancre dans la baie de Quiberon, et quatorze mille paysans accoururent à leur appel ; le fort de Penthièvre fut occupé par les émigrés. Hoche, sans perdre un instant, dispersa les rassemblements de chouans à Auray, à Carnac et à Sainte-Barbe et les repoussa dans l'étroite presqu'île de Quiberon, le 3 juillet. Puisaye, se sentant très menacé, dépêcha à Londres, auprès de Pitt, pour demander des secours et la venue du comte d'Artois, depuis Charles X, qui refusait de se joindre aux émigrés. Un nou-

Bataille de Quiberon.

veau corps d'émigrés, commandé par Sombreuil,
le frère de Mlle de Sombreuil, fit voile sur Saint-
Malo, où on les reçut à coups de canon. Un chef
d'émigrés, d'Hervilli, qui n'acceptait pas la suprématie de Puisaye, attaqua le 16 juillet les républicains à Sainte-Barbe ; Hoche le repoussa facilement et les soldats s'enfuirent jusqu'au fort
Penthièvre. Trois hommes désertèrent le fort et
vinrent dire à Hoche qu'il pouvait s'en emparer
en faisant entrer ses troupes dans l'eau, qui était
peu profonde à marée basse. Dans la nuit du
20 juillet, Hoche lança trois cents hommes déter-
minés à travers les rochers, avec ordre d'escala-
der le fort Penthièvre. Ils entrèrent dans la mer,
ayant de l'eau jusqu'à la poitrine pendant l'es-
pace d'une demi-lieue, surprirent les assiégés, et
les massacrèrent. Se sentant acculés à la mer, les
régiments émigrés demandèrent grâce. Puisaye
parvint à s'échapper. Hoche s'empara de soixante-
dix mille fusils, d'une grande quantité de canons,
d'approvisionnements considérables. Il brûla pour
plus de dix milliards d'assignats faux que Puisaye avait fait fabriquer ; cinq mille prisonniers
furent conduits à Auray.

Tallien, qui était le représentant délégué à
ce moment auprès de Hoche, demanda à la Convention d'être inexorable pour eux. Elle ordonna
qu'ils seraient passés par les armes, en exceptant

toutefois les paysans. Hoche fut vivement affecté par cette décision trop sévère. Il fit proposer secrètement à Sombreuil de s'enfuir. Sombreuil refusa d'abandonner ses compagnons d'infortune. A Vannes et à Auray on fusilla environ mille prisonniers, parmi lesquels se trouvaient un grand nombre de vieux gentilshommes qui avaient pris part à la guerre de l'Indépendance des États-Unis sous les ordres de La Fayette et de Rochambeau contre l'Angleterre.

Pendant que ces terribles exécutions avaient lieu, Hoche s'était éloigné et dispersait les restes de l'insurrection bretonne.

En Vendée, au moment du débarquement des émigrés à Quiberon, un soulèvement général s'était produit. Charette, Cadoudal, Stofflet et l'abbé Bernier, violant les traités signés par eux, massacrèrent, en juin 1795, des convois républicains qui voyageaient sur la foi des traités. Hoche, chargé par la Convention du commandement des armées de l'Ouest, le 31 août 1795, quitta la Bretagne et se rendit en Vendée. Les forces vendéennes s'élevaient à environ soixante-dix mille hommes. Cent mille hommes furent placés sous les ordres de Hoche. Il avait pour principaux généraux sous ses ordres Grouchy et Canuel. Le corps commandé par Hoche en personne opéra contre Charette et le tint en respect. A la fin de septembre, le comte d'Artois se décida à débarquer en Vendée avec cinq mille hommes et essaya de descendre à l'île d'Yeu ; mais les côtes étaient très bien gardées par les troupes de Hoche, et il s'en retourna à Jersey, puis de là en Écosse. Charette écrivit au comte de Provence, depuis Louis XVIII : « Sire, la lâcheté de votre frère a tout perdu ! »

Pendant les élections de septembre 1795 et l'installation du Directoire, qui succéda à la Convention, les opérations militaires furent un instant interrompues. Hoche organisa des postes fortifiés et fit prendre par chacun d'eux, à plusieurs lieues à la ronde, tout le bétail et tous les approvisionnements ; il ne massacra pas les habitants, mais il les affama, leur promettant de leur rendre leurs biens s'ils déposaient les armes. Il publia alors la proclamation suivante :

« Misérables jouets des passions, de l'intrigue et de la cupidité, quel espoir peut encore vous rester ? Nous avons vaincu l'Europe. Attendez-vous de nouveaux secours de l'Angleterre ? Vous savez que les derniers qu'elle vous envoyait remplissent maintenant nos magasins. Vous savez aussi que ces orgueilleux ennemis, sur qui vous fondiez vos plus chères espérances, ont déposé leurs armes aux pieds des bleus (les républicains). La République, aussi généreuse que grande, veut étancher le sang qui depuis si longtemps arrose ces malheureuses contrées. Comment reconnaissez-vous ses bienfaits? En massacrant ses enfants. Pensez-vous que nous allions venger les assassinats par des assassinats? Non, les républicains ne sont pas cruels. Ces mêmes soldats qui vous font fuir voudraient vous donner le baiser de paix; ils viennent vous arracher à la tyrannie, et non vous égorger. — Ne fuyez plus et déposez vos armes; nous saurons respecter votre faiblesse. Rétablissez vos chaumières, priez Dieu et labourez vos champs. C'est contre Charette seul, cet éternel ennemi de votre bonheur, que je dirige les forces que l'État a mises à ma disposition. »

Ces belles paroles produisirent une excellente impression. Beaucoup de Vendéens abandonnèrent Charette : ils avaient constaté que les armées républicaines étaient très nombreuses en Vendée, bien armées, bien équipées, et que la résistance ne pouvait plus avoir de chances de succès. Charette livra par-ci par-là quelques escarmouches et fut partout battu. Carnot, qui avait repris la direction des guerres de la République, donna à Hoche des pouvoirs illimités et un matériel de guerre considérable. Il le laissa libre en ce qui concernait la conduite à tenir vis-à-vis des prêtres réfractaires. Hoche toléra leur culte et ne les inquiéta en aucune façon. « Rien ne contribua davantage à éteindre la rébellion, » dit Henri Martin.

Comte de Provence.

« Les Vendéens, disait Hoche dans le plan de
pacification qu'il adressa au Directoire, n'ont
qu'un sentiment véritable : c'est l'attachement

pour leurs prêtres. Ces derniers ne veulent que protection et repos ; qu'on leur assure ces deux choses, qu'on y ajoute même quelques bienfaits, et les affections du pays nous seront rendues. »

Il forma ses postes militaires en ligne circulaire, avançant progressivement, désarmant partout les paysans, resserrant le cercle des corps rebelles. Il se rendit à Paris, auprès de Carnot, pour bien s'entendre avec lui sur la suite des opérations militaires. Il alla chez Mme Tallien, qui avait un salon très fréquenté par la haute société de l'époque. Il y fut l'objet de l'admiration générale. Il n'avait alors que vingt-sept ans. Le Directoire lui conféra non seulement les pouvoirs militaires, mais aussi les pouvoirs civils les plus étendus que détenaient sous la Convention les représentants délégués auprès des armées. A ce moment, Hoche était la plus glorieuse personnification de la République, son plus ferme soutien ; sa popularité était immense et sa renommée la plus pure de l'époque. Il rentra à Angers, où en son absence le général Willot avait laissé l'indiscipline s'introduire dans l'armée. Charette faisait des incursions heureuses dans les lignes républicaines. Hoche comprit qu'il n'y aurait pas de tranquillité durable dans le pays tant que Charette et Stofflet n'auraient pas été faits prisonniers, et il s'attacha à les traquer personnellement. Il enveloppa le corps commandé par Stofflet et le cerna dans les bois : Stofflet fut pris et conduit à Angers, où on le fusilla. L'abbé Bernier, le compagnon de chaque jour et l'inspirateur de Stofflet, parvint à s'échapper. Charette se réfugia dans le Bocage. Hoche lui fit offrir de le laisser s'enfuir en Angleterre, lui et les siens. Charette refusa, mais ses lieutenants l'abandonnèrent. Enfin le 24 mars 1796 on l'atteignit dans un bois; blessé, il ne put se relever; on le transporta à Nantes, où le conseil de guerre le condamna à mort. Il refusa qu'on lui bandât les yeux, commanda le feu du peloton d'exécution et mourut bravement. Sa mort mit fin à la guerre de Vendée.

Puisaye essaya un nouveau soulèvement, mais la discorde était au camp royaliste. Cadoudal fit sa soumission dans le Morbihan. Les chouans, n'ayant plus ni feu ni lieu, se livrèrent au brigandage; ils devinrent « les Chauffeurs ». Les gendarmes remplacèrent les armées et parvinrent, à la longue, à détruire le brigandage. Puisaye se retira au Canada, où il mourut trente ans plus tard.

Cette longue campagne de l'Ouest, si bien terminée par le génie de Hoche, lui mérita le nom de « Pacificateur de la Vendée ». Elle mit en lumière tout ce qu'il y avait de grand, de généreux et de désintéressé chez le héros. Dans son

Histoire de la Révolution, Thiers s'exprime en ces termes à ce sujet :

« Ce jeune général, qui aimait les plaisirs, qui était à la tête d'une armée de cent mille hommes et qui disposait du revenu de plusieurs provinces, manquait cependant quelquefois du nécessaire. Ses appointements, payés en papier, se réduisaient à rien ; il manquait de chevaux, de selles, de brides, et il demandait l'autorisation d'en prendre, en les payant, six selles, six brides et des fers de cheval, quelques bouteilles de rhum et quelques pains de sucre, dans les magasins laissés par les Anglais à Quiberon : exemple admirable de délicatesse, que nos généraux républicains donnèrent souvent et qui allait devenir tous les jours plus rare. »

Pendant ces années, si bien remplies pour sa gloire et pour le bien de la patrie, il songeait sans cesse à l'épouse chérie qu'il avait laissée et qu'il ne voyait qu'à de très longs intervalles. Il lui écrivait souvent, et ses lettres ont été retrouvées ; l'on y remarque les sentiments les plus délicats, assez rares chez les guerriers de cette époque si agitée. On y lit, par exemple, les lignes suivantes :

« J'exige que mon enfant n'ait point de maillot : il ne faut pas qu'il soit serré dans des langes comme dans un étau ; ni lisière ni bourrelet ; laissez-le marcher sur les pieds et sur les mains,

Exécution de Charette dans la prison de Nantes.

sur une couverture en hiver dans la chambre, en
été dans le jardin. Parle-lui raison en naissant ;
qu'il te respecte et t'obéisse sans te craindre ;
qu'il t'aime parce que tu es sa mère et non pour
des bonbons ; que jamais surtout il ne sache qu'il
y a des êtres qui battent leurs enfants ; le mien ne
doit pas être avili. »

Il se souvenait de ses anciennes lectures, à Versailles, des œuvres de J.-J. Rousseau. Et plus loin
il écrit à sa femme pour l'engager à compléter
une éducation première et une instruction un peu
insuffisante :

« Tu ne dois pas être un perroquet qui n'entend
rien à ce qu'il répète ; lis peu et analyse beaucoup ; dis beaucoup de choses en peu de mots ;
tu le vois, je te traite en ami ; je crois en avoir le
droit, certain que je suis l'auteur dont tu retiens
le plus volontiers les préceptes. Tu vas bientôt
être mère, qu'il me sera doux d'embrasser la
mère et l'enfant ! que de carresses je prodiguerai
à l'un et à l'autre ! qui plus que moi sait t'aimer ?
Pour avoir l'air et le ton mélancoliques, est-il un
cœur plus sensible que le mien ? Non sans doute :
de longs malheurs, de grandes pertes ont pu
donner à ma figure, à ma conversation un ton
morne et pensif, mais je retrouverai le bonheur
dans tes bras ! J'y retrouverai également ma
gaieté, perdue depuis bien des années. »

L'enfant qui lui naquit fut une fille, qu'il nomma Jenny.

A la veille de l'arrestation de Charette, il écrivait à sa femme : « Qu'il doit être touchant, le tableau de mon Adélaïde caressant, allaitant ma Jenny! Il manque à mon bonheur; n'en jouirai-je pas bientôt? Sois toujours républicaine, non en parlant politique, mais en ne souffrant pas qu'on avilisse chez toi ou en ta présence les lois constitutionnelles, et en pratiquant les vertus. »

Le clergé vendéen avait pour Hoche les sentiments de la plus sincère reconnaissance. Le curé de Lesvière lui écrivait à la fin de la campagne : « Dieu lui-même, satisfait de ce que vous avez fait pour le soutien de la religion, pour la conservation de ses ministres, qui sont vos frères, écoutera favorablement les prières que nous ne cessons de lui adresser pour vous, et vous comblera de ses bénédictions. » Le parti royaliste, avant de s'adresser à Bonaparte, essaya de gagner Hoche. Il croyait que sa bonté envers les paysans vendéens et sa politique vis-à-vis des prêtres étaient le signe de convictions catholiques intimes et de principes opposés à ceux de la Révolution; mais le parti royaliste se trompait. Hoche sentait que le meilleur moyen d'affermir le régime républicain et les nouvelles doctrines politiques, c'était de manifester les principes élevés de tolérance, de liberté

religieuse, d'abnégation, de concorde, de pacification. Il repoussa les avances royalistes simplement, sans humeur ; il en avisa le Directoire avec
un respect et une modestie admirables.

Reconnaissant les immenses services qu'il avait
rendus à la patrie, le Directoire lui fit don, par
décret du 15 juillet 1796, de deux beaux chevaux
et d'une paire de pistolets, à titre de récompense
nationale. Il déclara, en outre, que l'armée de
l'Ouest avait bien mérité de la patrie.

Un autre patriote, Gambetta, dans un magni-
fique discours prononcé à Versailles au pied de
la statue du héros, a rendu hommage aux qualités
que Hoche déploya dans la guerre de Vendée :
« C'est à cette conduite, s'écrie-t-il, qu'on peut
voir ce qu'il y avait de sensibilité exquise, de
tendresse démocratique, de véritables entrailles
plébéïennes dans ce superbe héros... Voici où
son génie apparaît. En voyant cette masse de paysans aveugles, égarés, comme un troupeau de
bœufs que pousse un pâtre irrité, il se dit : Non,
non, il faut leur faire grâce, il faut leur faire
comprendre qu'on vient les délivrer de la dîme
et de la corvée. »

CHAPITRE V

Expédition en Irlande.

1796

Depuis plusieurs années, Hoche pensait que le meilleur moyen d'arrêter les troubles que fomentait en France le gouvernement anglais, et d'enlever à la coalition européenne son soutien le plus actif, c'était d'aller attaquer l'Angleterre chez elle. En la forçant à se défendre dans ses propres États elle eût été impuissante au dehors. Il avait plusieurs fois exprimé le vœu qu'une chouannerie fût organisée en Irlande, dans ce pays catholique que la protestante Angleterre n'a jamais pu soumettre entièrement à son joug détesté. Notre éternelle ennemie avait profité des guerres de la Révolution pour étendre son domaine colonial, et notre marine désorganisée n'avait pu s'y opposer. Villaret de Joyeuse n'avait pas su empêcher le débarquement de la flotte anglaise qui portait les émigrés à Quiberon : comme la plupart des officiers de marine de l'époque, il était peu dévoué aux idées nouvelles et ne partageait par les vues de Hoche. Le représentant Jean-Bon

Saint-André n'était plus là pour le forcer à se battre, comme à Brest le 1ᵉʳ juin 1794, contre l'amiral anglais Howe. Il avait néanmoins la confiance du Directoire, auquel il proposa d'entreprendre une expédition dans les Indes. L'on assure qu'il possédait dans ces régions des intérêts personnels qu'il eût été fort aise de faire fructifier aux frais de la République. Le Directoire demanda l'avis de Hoche, qui, lui, avait proposé une descente en Irlande, où la grande association républicaine des *Irlandais-Unis* formait une ligue active et appelait les Français à son aide. Hoche répondit au Directoire :

« Il est au moins inutile, sinon dangereux, de faire quatre mille lieues pour aller combattre l'Angleterre, qui est à notre porte. Ne serons-nous pas assurés que le cap de Bonne-Espérance, comme la Jamaïque; que toutes les possessions anglaises, en un mot, nous appartiendront au moment où nous marcherons sur Londres? Cela n'est point un rêve; si je ne suis pas abandonné, j'en prendrai la route après les récoltes prochaines d'Irlande, dont l'expédition n'est, à mes yeux, qu'un moyen plus certain pour arriver au but. »

Carnot se prononça en faveur du système de Hoche. L'insurrection irlandaise n'attendait que le débarquement des Français pour éclater au grand jour : elle était déjà dans tous les cœurs. Les préparatifs furent lents. Le traité de Saint-Ildefonse, conclu avec l'Espagne, réunissait contre l'Angleterre les marines française et espagnole ; mais les navires des deux nations étaient épars de tous côtés, aux colonies, dans la Méditerranée, dans les mers des Antilles. Hoche se concertait chaque jour avec le ministre de la marine, Truguet, et tous deux poussaient Villaret de Joyeuse, qui commandait à Brest, à se hâter. Celui-ci n'en faisait rien ; on le destitua ; mais ses lieutenants, pénétrés du même esprit rétrograde que lui, ne se hâtèrent pas davantage. Hoche se rendit à Brest pour activer l'armement. Il constata que les officiers de marine se moquaient de lui et du Directoire.

« Hier, écrivait-il au Directoire, pour allonger le temps, on voulait armer les frégates de Richery en flûtes, leur ôter leurs canons, etc.; je m'y suis opposé, mais maintenant nous n'avons pas toutes nos voiles ; j'oserais presque répondre qu'avant un mois on nous assurera qu'il n'y a pas d'eau dans la mer. » Cette force d'inertie menaçait de compromettre l'expédition, car le secret bien gardé sur nos préparatifs pouvait être dévoilé d'un jour à l'autre au gouvernement anglais. Enfin, lorsque tout fut à peu près en état on déclara à Hoche qu'il n'y avait pas de marins à Brest. Il

en fit venir en poste du Havre, de Nantes, de la
Rochelle, de Cherbourg, de Saint-Malo, et en
moins de huit jours il en avait réuni six mille
dans le port de Brest. Morand de Galles, qui fut
appelé à remplacer Villaret de Joyeuse, et le
contre-amiral Brueix s'occupèrent alors sérieusement de l'expédition et de l'armement de la flotte.
De son côté, Hoche fit appel aux volontaires. Il
avait besoin de vingt-cinq mille hommes; il en
vit arriver quarante mille, parmi lesquels il choi-
sit les plus aguerris et les plus solides. Il fit im-
primer secrètement à Angers une proclamation
destinée à être répandue à profusion en Irlande.

« Je viens chez vous, disait-il, avec une armée
habituée à vaincre; nous n'ambitionnons que la
gloire de briser vos fers. Il n'est plus question
ici des maisons de Hanovre ou des Stuarts; des
hommes libres ne combattent que pour le maintien de l'égalité des droits et détestent jusqu'au
nom d'un maître. Nous vous offrons nos bras
pour vous aider à rétablir votre dignité nationale.
Votre situation, vos maux, ont excité chez nous
le désir de vous affranchir, et je me suis déter-
miné à venir à votre aide pour exterminer ces
suppôts du despotisme qui vous ont dépouillés,
vous et vos ancêtres, de vos libertés et de vos
biens. Levez-vous à la fois en masse sur tous les
points de votre île; mes braves camarades et moi

serons votre centre de ralliement ; nous chasserons ensemble ces vils satellites, au cri unanime des Irlandais et des Français de : Vive la liberté ! vive l'égalité ! »

L'orateur patriote Grattam, avisé de ce que l'on préparait en France, entretenait en Irlande la fièvre de la révolte ; il avait tout préparé pour que, dès que la flotte française serait en vue, le tocsin fût sonné, le même jour, dans toutes les paroisses d'Irlande. Les fonctionnaires anglais finirent par remarquer autour d'eux une singulière agitation dans les campagnes ; ils en avertirent Pitt, qui, apprenant la cause de ce mouvement, fut saisi d'épouvante. Il avait bien supposé que peut-être le Directoire tenterait quelque entreprise sur mer dans les colonies américaines ou aux Indes ; mais lorsqu'il sut que dans quelques jours Hoche allait s'embarquer pour l'Irlande avec vingt-cinq mille hommes et qu'il était assuré de trouver en y arrivant une chouannerie organisée d'une manière formidable, il ne sut que faire et entra dans une colère terrible.

Quelques jours après, Hoche fut victime d'une tentative d'assassinat. Tout le monde comprit d'où venait le coup. Le 17 octobre 1796, en sortant du théâtre de Rennes avec ses deux amis les généraux Debelle et Hédouville, un nommé Guillaumet lui tira un coup de pistolet à bout

portant. Personne ne fut atteint, bien que le meurtrier eût chargé son arme de plusieurs balles. Il
fut condamné à mort et exécuté malgré Hoche
qui, n'ayant pu le sauver, donna cinquante livres
à sa femme, plongée dans la misère. Quelques
jours après, en sortant de table, il ressentit des
douleurs d'entrailles semblables à celles qui accompagnent un empoisonnement.

La flotte n'était pas encore prête. Hoche envoyait de Brest lettres sur lettres au Directoire ;
mais celui-ci était alors aux prises avec le pouvoir législatif et se débattait au milieu de difficultés inextricables. Ce fut en vain que Hoche
écrivait : « J'ai donné ma parole que j'irais trouver ce brave peuple : je dois la tenir ; permettez-
moi de partir avec une frégate ; vous m'enverrez
en hiver tel secours que vous jugerez convenable.
Je demande une frégate parce que l'escadre n'est
pas prête à sortir et que, tandis qu'un peuple
généreux et confiant brise ses fers, on nous fait
ici les scènes les plus désagréables. » Quelques
jours après, ne recevant aucune réponse, il écrivait : « Après bien des travaux, je me vois contraint de renoncer à mon entreprise : notre dé
-testable marine ne peut et ne veut rien faire.
J'offre au gouvernement les seize mille hommes
que j'ai réservés pour l'expédition ; attendre plus
longtemps serait les exposer à périr de faim et

de misère. Obtenez, je vous en supplie, que je

Brissot.

ne les quitte pas : je les conduirai où l'on voudra
en qualité de général divisionnaire, et quel que
soit l'homme sous lequel on me place, soyez con-

vaincu que je ferai mon devoir. » A Champlin, le célèbre compositeur de musique, son meilleur ami, qui était alors administrateur du département de la Mayenne, il écrivait : « Quel est le poste où l'on me tient enchaîné! Les Français sont déshonorés par cette indolente campagne. O vainqueurs de Fleurus, que faites-vous donc? Qu'est devenu ce bouillant courage qui fit trembler l'Europe? »

Les membres du Directoire n'avaient pas grand désir d'entreprendre l'expédition d'Irlande; ils méditaient déjà un coup d'État pour se débarrasser des chambres réactionnaires, où dominait Pichegru, le rival, l'ennemi irréconciliable de Hoche; ils préparaient déjà leur coup d'État du 18 fructidor. Ils songèrent à utiliser Hoche dans leur entreprise, et on le manda à Paris. Lorsque cet ordre arriva à Brest, la flotte venait de quitter le port et faisait voile vers l'Irlande. Hoche la commandait; il avait sous ses ordres quinze mille hommes; ses lieutenants Grouchy, Lemoiné, Hurly, étaient comme lui pleins de confiance. La flotte était conduite par l'amiral Morard de Galles; Brueix, Richery, Nielly et Bouvet commandaient sous ses ordres. Elle se composait de douze frégates, quinze vaisseaux et treize petits navires. Hoche décida que le rendez-vous général était la baie de Bantry. Le signal avait été donné dans la nuit du 15 au 16 décembre 1796. C'était deux mois trop tard. La sortie du port ne fut pas heureuse. Un vaisseau, *le Séduisant,* se brisa sur un rocher et sombra avec les soixante-quatorze canons qu'il portait et tout son équipage. En vue de l'île d'Ouessant, une tempête dispersa la flotte pendant deux jours. Cette tempête avait, en même temps, dispersé les croiseurs anglais qui surveillaient ces parages. Une partie de notre flotte arriva cinq jours après au rendez-vous, mais l'on constata l'absence de neuf navires, et l'on était sans nouvelles de la frégate *la Fraternité,* que montaient Hoche et Morard de Galles. Ce fut en vain que Wolfe-Tone, le patriote irlandais qui avait renseigné Hoche sur les ressources insurrectionnelles de sa patrie, insista pour que le débarquement eût lieu immédiatement. Grouchy, Bouvet, Richery, Nielly, délibéraient et ne savaient que faire en l'absence de Hoche. Bouvet s'engagea seul dans la baie de Bantry et se préparait à débarquer, aucun Anglais n'ayant paru jusqu'alors, lorsqu'un ouragan survint et lui donna lieu de craindre de graves dangers. L'on ne pouvait tenir la mer dans la baie de Bantry, qui est très profonde mais trop étroite ; d'autre part Bouvet, remarquant que les navires de Richery et de Nielly ne s'approchaient pas, se dégagea de la baie de Bantry et regagna

le large. La frégate qui portait Hoche et Morard
de Galles ayant disparu et aucune nouvelle n'é-
tant parvenue aux contre-amiraux, ils crurent
Hoche perdu et se décidèrent à regagner Brest,
où ils arrivèrent le 1er janvier 1797, après avoir
subi encore une nouvelle tempête pendant leur
retour. Le même jour, *la Fraternité*, que commandaient Hoche et Morard de Galles, entrait
dans la baie de Bantry ; elle avait été pourchas-
sée par les croiseurs anglais et les vents l'avaient
poussée loin de sa route. En apprenant le départ
de ses lieutenants, Hoche fut au désespoir, mais il
ne pouvait rien sans eux. Il mit le cap sur la
France pour aller les chercher ; les ouragans le
forcèrent à tenir la mer pendant trois semaines
et le poussèrent vers le port de la Rochelle,
où il débarqua, après mille périls, le 15 janvier.
Il partit pour Brest, afin de recommencer l'em-
barquement ; mais en route il apprit que le Directoire venait de lui confier le commandement de
l'armée de Sambre-et-Meuse et que le Directoire
avait, depuis un mois, ordonné de ne pas entreprendre l'expédition d'Irlande.

« Si Hoche eût débarqué en Irlande, dit Napoléon 1er à Sainte-Hélène, il aurait sans doute
réussi dans ses projets, parce qu'il possédait
toutes les qualités nécessaires pour en assurer
le succès. Il était accoutumé à la guerre civile,

et savait comment s'y prendre pour la faire réus-
sir à son avantage ; il avait pacifié la Vendée, il
aurait dirigé les Irlandais avec intelligence. »

Hoche se rendit à Paris et essaya de faire
comprendre au ministre de la guerre que l'expédition d'Irlande était encore possible : « Nous
serions, lui dit-il, des êtres indignes de vivre si nous
abandonnions le peuple irlandais à la vengeance
de ses tyrans. Notre entreprise n'est qu'ajournée.
L'armée navale est rentrée en bien mauvais état ;
je sais qu'on vous refusera les moyens de réparer
ces désastres ; votre amour de la patrie vous fera
retrouver des ressources quand même. Équipez
votre escadre ; je suis prêt à me rembarquer. »

Mais tout fut inutile ; le Directoire avait besoin
de Hoche ailleurs ; du reste les Anglais, prévenus,
avaient pris des dispositions très sérieuses, la tra-
versée et le débarquement eussent été, cette fois,
plus difficiles à opérer.

Hoche resta quelques semaines à Paris et aux
environs. L'on a retrouvé une lettre de lui, datée
de Meaux à cette époque-là. Il écrivait de cette
ville, le 14 février 1797 à son beau-frère, le général Debelle, dans des termes qui indiquent l'état
d'esprit de l'époque. Il venait d'assister à une
fête patriotique dans laquelle le magistrat muni-
cipal qui la présidait n'avait pas prononcé les
mots de « République » ni de « citoyen ».

« Voilà bien nos Français, écrivait Hoche : être
tour à tour constitutionnel avec Lacour, modéré
avec Brissot, jacobin sous Robespierre, thermi-
dorien avec André Dumont, et royaliste, ainsi que
le sont devenus quelques enragés démagogues,
tels sont les principes de cette classe moutonnière
qui se compose de la majorité des rentiers, des
fonctionnaires publics actuels, avocats, procu-
reurs et bourgeois, pour qui le retour à l'ancien
ordre de choses est une espèce de résurrection
et dont l'opinion constante est que peu importe
l'opinion nationale, la prospérité publique, le
commerce et les arts, compromis par des réactions continuelles, pourvu que la soupe soit bien
chaude et qu'on ne demande pas d'impôts. Peuple malheureux ! Tu mérites ton sort ! »

Hélas ! les appréciations de Hoche sont de tous
les temps et de tous les pays !

L'on agitait vivement alors les questions de re-
vision de la constitution..., de dissolution des
Chambres, de modifications du pouvoir exécutif.
Hoche, qui conservait très purs ses sentiments
républicains et qui était aussi éloigné d'une réaction que l'on préparait en faveur de Bonaparte,
que d'une attitude violente qui nous eût ramenés
de quelques années en arrière, avait des idées très
arrêtées sur l'organisation de l'État. Il voulait
deux Chambres, l'une élue, l'autre composée par

moitié de membres élus et par moitié de membres choisis par le gouvernement. Il voulait un
président élu et rééligible. Mais il n'admettait pas
le suffrage universel direct, qui n'a été, du reste,
introduit en France qu'en 1848. Il ne considérait
pas que ce fût là une base absolument sûre et
intelligente de l'édifice gouvernemental. Il disait
que « tout homme n'est pas un citoyen. » Il l'écrivait au Directoire, tiraillé en sens divers, attaqué
par une presse fougueuse à la solde de la réaction, excédé des injures et des manœuvres de Pichegru, entravé dans son administration par les
embarras financiers que les terribles années précédentes avaient créés : « *Le peuple qui souffre est
toujours désireux d'un mieux quelconque, et il croit
le trouver en changeant sans cesse.* » Pensée très profonde et très vraie ! C'est bien là en effet la cause
de toutes les réactions. « Il faut, écrivait-il à son
ami le général Chérin, éviter de faciliter les me-
nées de l'aristocratie et de la démagogie. Ce sont
deux minorités qu'il faut désarmer et empêcher
de faire trop de bruit. C'est servir la liberté que
de restreindre ceux qui la réclament pour op-
primer. » Il faisait allusion aux violentes polémi-
ques de la presse, qui, perdant toute mesure et
toute bonne foi, sapait les membres du gouvernement avec une violence coupable et préparait
ainsi l'avènement de Bonaparte au consulat.

CHAPITRE VI

Hoche général en chef de l'armée de Sambre-et-Meuse. — Son dévouement au gouvernement de la République. — Mort de Hoche.

1797

A la fin du mois de février 1797, Hoche fut nommé, par le Directoire, général en chef de l'armée de Sambre-et-Meuse. Il retrouva là un grand nombre de ses anciens soldats de l'armée de la Moselle, et son arrivée parmi eux fut un véritable triomphe. Il remplaçait le marquis de Beurnonville, ancien ministre de la guerre, qui n'avait rien fait et qui, au lieu d'attaquer l'ennemi, le laissait se porter contre les places de Kehl et Huningue, qui avaient été forcées de capituler.

Hoche mit en pratique dans cette campagne les deux principes fondamentaux de son système de guerre : « Pas de paroles, des actes; *res, non verba;* » et celui-ci : « La réflexion doit tout préparer et la foudre exécuter. » Il remit en état l'administration militaire, qui était désorganisée. Les fournisseurs et les fonctionnaires civils pillaient l'armée et le pays conquis : il les chassa et procéda, par ses sous-ordres, au ravitaillement des troupes d'une manière régulière et honnête.

Au commencement de mars il écrivait au Directoire :

« J'avais lu que le roi de Prusse, de vénérable mémoire, avait fait bâtir des palais avec les deniers que lui avait procurés la guerre. Je ne concevais pas, après tant de conquêtes, comment nous étions obligés de vendre nos moissons pour subvenir aux frais que nécessite la défense de la liberté. Oh ! je suis éclairé maintenant ! Quels trésors, quelles mines pourraient fournir aux dépenses scandaleuses de quelques-uns de nos militaires, aux superbes trains de nos fournisseurs, aux maisons brillantes de nos commissaires de toutes les classes, à nos employés de tous les étages ? Faut-il s'en étonner ? La fortune publique est passée en leurs mains, et, au milieu de ce fracas brillant, les défenseurs de la patrie vont nu-pieds, manquent du strict nécessaire dans les hôpitaux, meurent faute de bouillon et de tisane. »

S'adressant à l'un des administrateurs de son armée qui n'avait pas assez des trois cent mille francs que produisaient par an les revenus de l'archevêché de Trèves, pour les traitements de ses employés et le sien : « Tout a son temps, lui

Bonaparte.

dit-il ; je me charge de faire les choses à moins de frais : je vais organiser une administration nouvelle, je vous garantis qu'elle ne coûtera pas quinze mille francs, tout compris. Personne, il est vrai, ne fera fortune, sous peine d'être fusillé. En revanche, l'armée profitera des subsides du pays et l'habitant ne sera plus impitoyablement pillé. »

Hoche, au mois de mars, forma dix divisions. Il les confia aux généraux Lefebvre, Championnet, Watrin, Richepanse, Ney, d'Hautpoul, Grenier. Il s'agissait de conduire vers le Tyrol, où opérait Bonaparte, une armée de quatre-vingt mille hommes. Au commencement d'avril il se mit en marche, lança Championnet sur Dusseldorf et se porta sur Neuwied avec le gros de son armée ; il y rencontra l'armée autrichienne, commandée par Werneck, qui, plus faible en nombre, ne pouvait faire une longue résistance. La plus grande partie de l'armée autrichienne, commandée par l'archiduc Charles, était, à ce moment même, aux prises avec Bonaparte. Werneck demanda à Hoche de renouveler l'armistice accordé l'année précédente ; Hoche refusa et l'avisa qu'il reprenait les hostilités. A la tête de ses chasseurs à cheval, Hoche tourne l'ennemi, le culbute et le poursuit jusqu'à Dierdoff avec tant de vigueur, qu'il se trouve à un moment très éloigné de ses troupes et qu'il est sur le point d'être fait prisonnier. Heureusement l'infanterie arrive et le village tombe en son pouvoir.

Le soir de la bataille, l'armée offrit un banquet à Hoche.

« Je vous laisse souper, dit Hoche à ses soldats, je vais m'occuper de vous trouver à dîner pour demain. » Il écrivit un rapport au Directoire : « L'armée a pris sept drapeaux. — Et moi sept aussi, dit Lefebvre, ça doit faire quatorze. — Non, répondit Hoche, il n'y a que sept drapeaux, comme il n'y a qu'un Lefebvre. » Cette victoire de Neuwied (18 avril 1797) nous ouvrit la route de Francfort. Hoche y courut et, le 22 avril, le général Lefebvre avait battu Werneck aux portes de la ville, lorsqu'un courrier annonça à Hoche que Bonaparte, après une série de brillants succès, avait signé, à Léoben, les préliminaires de paix. Le général n'en éprouva aucun mécontentement. « Après avoir fait, écrivit-il au Directoire, trente-cinq lieues en quatre jours et triomphé dans trois batailles et cinq combats, l'armée de Sambre-et-Meuse a accueilli la nouvelle de la paix avec la plus vive émotion ; » et à Berthier, chef de l'état-major de Bonaparte : « Je dois me féliciter, lui écrivait-il, avec tous les Français de la bonne nouvelle que vous voulez bien me transmettre. Nous n'oublierons jamais que c'est à vos travaux que nous devons la paix et ses inestimables résultats. »

Bonaparte avait pris sur lui, sans autorisation du gouvernement, de signer les préliminaires de Léoben. Le Directoire n'accepta pas d'abord cette convention, qui manifestait les vues personnelles de Bonaparte et qui était une faute politique, car la victoire étant assurée, Hoche d'un côté et Bonaparte de l'autre marchaient facilement sur Vienne, où une paix définitive, avantageuse et durable eût été beaucoup mieux conclue. La Réveillère, Barras et Rewbell, qui formaient la majorité dans le Directoire, voulaient révoquer Bonaparte et repousser ses préliminaires. Ils avaient de graves soupçons contre Bonaparte, dont l'ambition n'était plus un secret. Carnot, malgré les sages avertissements de son frère Carnot-Feulins, qui ne cessait de lui répéter : « Bonaparte est un aventurier, un ambitieux ; il jettera le trouble dans la République ! » fut d'avis qu'il fallait ratifier les conventions ; il considérait que la France ne pouvait plus faire la guerre, que les années précédentes avaient épuisé le trésor public et les populations, et que l'opinion du pays, qui réclamait depuis longtemps la paix, devait être écoutée. C'était précisément parce qu'il redoutait une dictature militaire qu'il ne voulait pas que des victoires nouvelles rendissent Bonaparte encore plus populaire. Il entraîna

Letourneur dans son système, et Barras, le protecteur de Bonaparte, l'ami de Hortense Beauharnais, finit par céder. Il était vivement affecté, lui aussi, par les difficultés intérieures, par l'élection de Pichegru, malgré sa trahison, à la présidence du conseil des Cinq-Cents. Ce misérable se croyait, comme Bonaparte, appelé à la dictature.

Ce dernier, resté en Italie, à la tête de son armée victorieuse, continuait la guerre pour son propre compte, sans s'occuper du Directoire. Il conseillait à ce gouvernement de se débarrasser de Pichegru et des Cinq-Cents et offrait son armée pour faire le coup d'État nécessaire à cette manœuvre politique. Il avait déjà l'arrière-pensée d'en profiter personnellement. De son côté, Barras aspirait au pouvoir dictatorial. Carnot opinait pour le respect absolu de la légalité. Une femme célèbre, Madame de Staël, fille de Necker, ministre de Louis XVI, s'était prononcée en faveur du coup d'État; elle tenait un salon très fréquenté. Talleyrand, ministre des affaires étrangères, Sieyès, le philosophe de la *Révolution*, conseillaient aussi au Directoire un coup d'État contre Pichegru et les Cinq-Cents, dont les récentes décisions mettaient le désordre dans l'administration du pays. Ils avaient, en effet, nommé des commissions qui prétendaient tout gouverner; elles étaient composées de royalistes qui préparaient le retour des Bourbons. Pichegru devait recevoir, à leur

Madame de Staël.

retour, le gouvernement de l'Alsace, le titre de
duc d'Arbois, un million comptant, trois cents
mille francs de rente annuelle et le château de

Chambord. Bonaparte avait dévoilé sa trahison au Directoire, qui malheureusement ne pouvait agir contre un représentant.

La situation était devenue intolérable pour le pouvoir exécutif; les commissions du conseil des Cinq-Cents violaient tous les jours les droits que le Directoire tenait de la constitution; ils s'immisçaient dans les affaires, violant ainsi la règle si tutélaire de la séparation des pouvoirs législatifs et administratifs. L'anarchie intérieure que causait cette intervention illégale était à son comble.

Pour lutter contre Pichegru, le Directoire appela Hoche, son ennemi, et le nomma ministre de la guerre. Il sentait la République menacée et il était bien décidé à la défendre. Barras et lui se concertèrent, en juillet 1797, afin de soutenir le Directoire, et, à tout événement, ils firent avancer l'armée de Sambre-et-Meuse dans le rayon de douze lieues autour de Paris, que les armées ne devaient pas franchir. Richepanse, lieutenant de Hoche, vint s'établir à la Ferté-Alais. Le conseil des Cinq-Cents, vivement ému, déclara que la constitution était violée et que Hoche n'avait pas l'âge légal de trente ans pour être ministre. Carnot, toujours fidèle à ses principes de respect absolu de la légalité à tout prix, interpella Hoche vivement; Barras ne dit mot, et Carnot, qui présidait le Directoire, ordonna à Hoche de faire reculer ses troupes et de se démettre de ses fonctions de ministre de la guerre. Hoche expliqua que son armée se dirigeait sur Brest, en vue d'une expédition en Irlande. Le mouvement contre les Cinq-Cents était ajourné : Hoche fit rentrer ses troupes en Alsace et s'installa dans son camp de Wetzlar.

Dans le conseil des Cinq-Cents, le général Willot, ennemi personnel de Hoche, le dénonça comme aspirant à la dictature. Rien n'était moins vrai. Un autre membre, Dufresne Saint-Léon osa accuser Hoche d'avoir gardé les fonds provenant des contributions de guerre prélevées en territoire ennemi. Le célèbre général Jourdan, qui représentait le département de la Haute-Vienne au conseil des Cinq-Cents et qui était pénétré des sentiments démocratiques les plus nobles, ne put retenir son indignation; il défendit énergiquement celui qu'il considérait, à juste titre, comme l'honneur des armées françaises. Il détestait Bonaparte, mais il affectionnait Hoche, auprès duquel il avait combattu bien des fois : « Souvent les armées auraient péri de misère, s'écria-t-il, si les généraux en chef n'avaient usé des contributions faites en pays conquis. J'ai commandé cent cinquante mille hommes, et j'ai la preuve que le gouvernement payait à des fripons cent cinquante mille rations par jour, et que l'armée n'en recevait pas dix mille. Il fallait donc que les généraux s'occupassent de faire vivre le reste de l'armée. Il n'est au pouvoir de personne de me faire croire que le général Hoche ait commis un autre crime, et les coupables de son espèce ont droit aux remerciements de la patrie reconnaissante. »

Une demande de mise en accusation de Hoche n'eut pas de suite; mais le traître Pichegru, qui présidait le conseil des Cinq-Cents, fit adopter, à la même séance, la réorganisation des gardes nationales, dont la composition était réactionnaire. Les Cinq-Cents votèrent en outre l'interdiction de toute réunion publique et de toute association.

Le 10 août, Hoche fit célébrer par son armée l'anniversaire de l'abandon des privilèges. Au banquet, il but fièrement à la République. Il parla à ses « soldats-citoyens » de désintéressement et de vertu; il raconta l'histoire de 1789 et de la Révolution, puis, en terminant : « Amis, s'écria-t-il, la paix va être signée par la République avec les puissances coalisées qu'elle a vaincues. Mais vous ne pouvez déposer vos armes terribles. Peut-être aurons-nous à assurer la paix intérieure contre les fanatiques et des rebelles aux lois républicaines, qui méditent de rendre la France à l'esclavage dont vous l'avez affranchie pour toujours.

Ils visent à une dissolution sociale ; mais, j'en suis certain, votre présence et la fermeté du gouvernement suffiront à sauver la constitution, que je jure avec vous de maintenir ! »

Les trois membres qui formaient la majorité du Directoire avaient ajourné leurs projets contre Pichegru et les Cinq-Cents. La présence de Carnot à la présidence du Directoire entravait leurs desseins. Ils attendirent que le trimestre, période réglementaire pour le renouvellement de cette fonction, fût écoulé, et, le 24 août, ils le remplacèrent par La Réveillère. Barras n'osa plus s'adresser à Hoche, qu'il avait compromis trop à la légère ; il se tourna vers Bonaparte : il lui demanda de lui envoyer, à Paris, Augereau, l'un de ses lieutenants, dont les idées démocratiques étaient bien connues et qui, comme Hoche et comme Bonaparte, connaissait la trahison de Pichegru et ses vues liberticides. Augereau fut nommé, malgré Carnot, général en chef de l'armée de Paris ; il groupa autour de lui les officiers et les soldats les plus connus par leurs opinions républicaines.

Dans la nuit du 3 septembre 1797 (18 fructidor an V) Augereau fit occuper par douze mille hommes le jardin des Tuileries, où siégeaient les Cinq-Cents. Le général qui commandait la garde nationale, Ramel, ordonna à sa troupe de faire évacuer le jardin. Les gardes nationaux refusèrent en disant qu'ils ne voulaient pas se battre pour Louis XVIII. Augereau, suivi de plusieurs républicains, Santerre, Rossignol, entra dans la salle des séances au cri de : « Vive la République ! » et arrêta cinquante députés qui résistaient. Ils furent conduits au Temple et de là à Cayenne. Pichegru était parmi eux, ainsi que Boissy d'Anglas. Au Luxembourg, où siégeait le Directoire, la garde, sur l'ordre de Barras, de La Réveillère et de Rewbell, arrêta les deux autres directeurs, Barthélemy et Carnot ; celui-ci parvint à prendre la fuite et se réfugia en Suisse et de là à Nuremberg. La plupart des membres du conseil des Cinq-Cents se réunirent à l'Odéon. Le conseil des Anciens rassembla un grand nombre de ses membres à l'École de médecine. Ces tronçons d'assemblées approuvèrent les mesures prises. Le coup d'État contre la réaction avait réussi ; mais le Directoire se trouvait sous la protection de deux armées, celle de Hoche et celle de Bonaparte. Le patriotisme et la démocratie s'étaient réfugiés aux armées ; la bourgeoisie et le peuple devenaient indifférents en matière politique. Les directeurs cherchèrent à contre-balancer l'influence croissante de Bonaparte par celle de Hoche et lui confièrent l'armée de Moreau, tombé en disgrâce. « Hoche et Bonaparte, dit Henri

Martin, allaient donc se faire équilibre ; le génie qui rapportait tout à la patrie était en face du génie qui rapportait tout à lui-même. » La réaction avait trop intérêt à supprimer Hoche. Il mourut, le 19 septembre 1797, âgé de vingt-neuf ans, au camp de Wetzlar. Entouré par ses lieutenants, il leur parla longtemps des affaires publiques avant de mourir. Il ne savait trop que penser du 18 fructidor, mais il finit par leur dire : « Une république doit toujours être servie et non protégée par l'épée. » Ce furent ses dernières paroles.

« La douleur de l'armée, dit Henri Martin, égala celle de la jeune veuve et des amis du héros. Tout soldat croyait avoir perdu un père dans ce jeune général, aussi vénéré qu'admiré. Jamais chef n'a été l'objet d'un plus grand amour.

« L'armée reconduisit jusqu'au Rhin, à Coblentz, celui qui ne devait plus la mener à la victoire. Les villes allemandes de la rive droite, la garnison autrichienne d'Ehrenbreitstein, comme aux funérailles de Marceau, rendirent les honneurs funèbres au mort glorieux le long du passage du cortège.

Le corps de Hoche fut déposé non loin de celui de son frère d'armes, Marceau, mort tout juste un an auparavant, dans la même contrée, mais lui, du moins, sur le champ de bataille et non dans les longues angoisses d'un mal cruel et mystérieux.

« Une fête funèbre, comme on n'en avait pas vu depuis celles de la Grèce, célébra dans Paris les funérailles du héros. Le vieux père de Hoche conduisait le deuil.

« L'armée, Paris, la France, ne voulurent pas croire que la fin de Hoche eût été naturelle.

« L'esprit public, qui semblait éteint, se réveilla pour le pleurer et rechercher avec passion la cause de sa mort.

« Les chouans, dans l'Ouest, avaient plus d'une fois attenté à sa vie, et, ne pouvant empêcher le châtiment des assassins, avec sa générosité accoutumée il avait donné du pain à leurs familles. On soupçonna un nouveau crime. Des bruits de poison se répandirent ; le procès-verbal de l'ouverture du corps, opérée par les principaux médecins et chirurgiens de l'armée, contient le passage suivant :

« L'estomac et les intestins ont été ouverts « dans toute leur longueur ; le premier a présenté « de larges taches noires au centre et moins char- « gées de cette couleur à la circonférence, mou- « chetées par placards, avec des séparations entre « elles, et les mouchetures correspondantes à la « tache extérieure beaucoup plus rapprochées et « presque confondues. »

« Ce qu'on rapporte des derniers jours de Hoche peut indiquer une phthisie galopante survenue dans un état de santé depuis un certain temps très altérée. Mais les caractères de cette altération ressemblaient aux effets de l'arsenic administré à petites doses.

« Que cette altération fût ou non l'effet du poison, le premier biographe de Hoche cite un fait qu'il importe de mentionner : « L'oppression, dit-il, augmentait toujours jusqu'à la suffocation. » Hoche était impatient d'aller établir son quartier général à Strasbourg. Il consulta un médecin, qui lui donna une recette dans laquelle il plaçait toute son espérance. Il sentit, au contraire, son mal empirer.

« Il mourut quelques jours après. Il semble résulter de ceci qu'un remède violent, par lequel il croyait ranimer ses forces, aurait précipité sa fin.

« La douleur publique et l'esprit de parti cherchèrent un coupable dans les directions les plus opposées. Le peuple s'en prit aux chouans ; les réactionnaires, contre toute vraisemblance, accusèrent le Directoire, qui avait tant d'intérêt à ce que Hoche vécût ! Le *Mémorial de Sainte-Hélène* rapporte qu'on essaya de répandre que c'était Napoléon qui l'avait fait empoisonner.

« Le biographe contemporain, Rousselin, dit

qu'un homme suspect s'attacha longtemps aux pas de Hoche, et fait entendre que l'instigateur du crime aurait été Pichegru, capable de tous les forfaits. Les amis de Hoche se sont partagés sur la question de savoir s'il y a eu crime. La famille y a toujours cru. Quel fut le coupable? Y a-t-il un coupable? On ne saura jamais la vérité.

« Dans quelles idées Hoche est-il mort? Toute sa conduite atteste qu'il resta jusqu'à bout républicain passionné. « Un monarque, écrivit-il, se-« rait forcé de créer une noblesse, et la résurrec-« tion de cette noblesse causerait une nouvelle « révolution. Il nous faut un gouvernement qui « consacre le principe de l'égalité...ce gouverne-« ment ne peut être que la République. »

« Il n'avait plus l'exagération montagnarde de sa première jeunesse ; il comprenait la nécessité d'un gouvernement sagement organisé et souhaitait le maintien de la constitution de l'an III, en l'améliorant par la substitution d'un président aux cinq Directeurs, comme en Amérique.

« Tolérant pour toutes les croyances, il était de la religion de Rousseau, comme la plupart des grands hommes de la Révolution. Sa foi au Dieu de justice et de bonté est attestée et par sa correspondance intime avec sa femme et ses amis, et par l'invocation qui termine le discours qu'il prononça devant l'armée de l'Ouest, lors de la

fête célébrée en l'honneur des premières victoires de l'armée d'Italie. « Dieu qui veilles aux
« destinées de cet empire, qui, dans les combats,
« as dirigé nos coups, l'homme que tu créas doit
« être libre : ne permets pas qu'aucune domina-
« tion puisse le gouverner ! Extirpe les factions
« du sein de la République et protège nos saintes
« lois ! »

« La mort de Hoche a été le plus grand malheur qui ait pu arriver à la République et à la
France. Quel eût été l'avenir de notre pays si
Bonaparte eût disparu au lieu de Hoche? Dans
l'état où était la France, il était inévitable qu'elle
passât sous la suprématie militaire. Mais que les
conditions en eussent été différentes ! Le bon sens
et le désintéressement de Hoche eussent bien
tempéré les dangers et les abus de cette suprématie, et nous eussions pu revenir peu à peu,
par la paix, à la liberté religieuse.

« La Providence a été sévère pour la France !
Nous perdions l'homme qui eût pu aider à notre
salut ; nous restions dans les mains de celui qui
devait nous perdre ! »

Le corps de Hoche fut déposé à Petersberg,
dans le camp retranché de Coblentz, à côté de
celui de Marceau. Les généraux Grenier, Lefebvre
et Championnet prononcèrent sur son cercueil
quelques paroles empreintes du patriotisme le

plus pur et de la douleur la plus sincère. Un vieux grenadier s'avança, les larmes aux yeux ; il jeta une couronne de chêne dans la tombe : « L'armée te salue ! Hoche !... » Il ne put en dire davantage et se retourna en sanglotant.

Un monument de gloire fut élevé à Wissenthurn, près de Neuwied, en l'honneur de Hoche. Une statue en marbre, le représentant debout, l'air sévère et réfléchi, fut érigée à Versailles, le 3 août 1832, sur la place qui porte son nom. Elle était l'œuvre du sculpteur Milhomme. Le 31 juillet 1836 cette statue fut remplacée par celle en bronze, due au ciseau de Lemaire, qui orne actuellement la place Hoche, à Versailles. Les restes de Hoche ont été, depuis lors, par les soins de sa fille, Mme la comtesse des Roys, déposés, le 28 mai 1860, à Versailles, dans l'église Notre-Dame.

Chaque année, depuis 1872, le 24 juin, date anniversaire de la naissance de Hoche, une cérémonie commémorative a lieu à Versailles pour honorer la mémoire du héros. Le 24 juin 1872, Gambetta, qui organisa la défense nationale pendant la guerre de 1870-1871, prononça un discours très remarquable au pied de la statue de Hoche. « Il fut, dit-il, à la fois un grand citoyen, un politique, un administrateur consommé, une grande conscience et un héros... Fils de la Révolution, il lui resta toujours fidèle, ce qui ne l'empêcha pas d'être le plus modéré des hommes, le diplomate le plus adroit, l'administrateur le plus habile, le plus avisé des capitaines. »

Telle fut la vie de Hoche, vie toute d'honneur et de devoir. Que tous les Français l'admirent! Que tous les soldats la prennent pour modèle! Avec des patriotes comme lui les républiques ne redoutent pas les factieux !

FIN.

TABLE

SOCIÉTÉ ANONYME D'IMPRIMERIE DE VILLEFRANCHE-DE-ROUERGUE
Jules Bardoux, Directeur.

9 782019 999957